OTTO F. WALTER

ELSBETH SCHILD-DÜRR

OTTO F. WALTER
SPERRZONE UND WUNSCHLAND
EINE WERKBIOGRAPHIE

BENTELI VERLAG BERN

Namhafte Beiträge von folgenden Institutionen haben
die Herausgabe dieses Buches ermöglicht:
Pro Helvetia, Schweizer Kulturstiftung, Zürich
Lotteriefonds des Kantons Solothurn

Ihnen danken wir herzlich.

© 1992 Benteli-Werd Verlags AG, Wabern-Bern
Gestaltung und Lektorat: Benteliteam
Satz und Druck: Benteli Druck AG, Wabern-Bern
Printed in Switzerland
ISBN 3-7165-0795-4

INHALTSVERZEICHNIS

EINLEITUNG   7

I   JAMMERS
    DER STUMME   9
    DER AUTOR   23
    HERR TOUREL   26
    THEATERARBEIT   39

II DAS ALTE, DAS NEUE
    UND DAS MÖGLICHE
    VERLAGSARBEIT   49
    DIE ERSTEN UNRUHEN   60
    DIE VERWILDERUNG   72
    WIE WIRD BETON ZU GRAS   95

III DIE EIGENE STIMME
    DAS STAUNEN DER SCHLAFWANDLER
    AM ENDE DER NACHT   110
    REALISMUS DER EIGENEN STIMME   121
    ZEIT DES FASANS   132
    WIDERSTAND   152

IV DATEN ZU LEBEN UND WERK   156

V   ANMERKUNGEN   158

Die Seitenzahlen in Klammern beziehen sich auf die Seiten der jeweiligen Originalausgabe.

EINLEITUNG

«Teilnehmen an der Wirklichkeit» war das Programm, mit dem der junge Schriftsteller Otto F. Walter antrat. Es hat ihn nicht losgelassen, wenn auch die Art der Teilnahme sich im Lauf der Zeit wandelte, die Einschätzung der Wirklichkeit phasenweise über Ohnmachtsgefühle nicht hinauskam.
Schon der Zusatz: teilnehmen «an der ganzen, der globalen Wirklichkeit» wies darauf hin, dass literarische Teilnahme konfliktträchtig sei, sich gegen jede selbstgerechte Beschränkung des Blickfelds richten würde1).
Für den dreissigjährigen Schweizer Autor und Verleger, Sohn aus gutbürgerlichem katholischem Haus, bedeutete es zunächst, dass er wohl vom Naheliegenden und Bekannten ausging, von einer Welt, die den Krieg schadlos überstanden hatte, aber nicht, um sie als Heimat zu verklären, sondern um den Erschütterungen auf den Grund zu gehen, die sie mehr und weniger unauffällig durchzogen. Sehr bald erwiesen sie sich, dem Anschein von Wohlstand und Ruhe zum Trotz, als Ausläufer weltweit wachsender Krisen.
Ich selber gehöre zu der Nachkriegsgeneration, die den Autor Otto F. Walter erst wahrnahm, als er mit dem Walter Verlag gebrochen und die Schweiz vorübergehend verlassen hatte. Mit vielen hoffte ich Anfang der siebziger Jahre, dass nicht der ganze politische Aufbruch umsonst gewesen sei. «Die ersten Unruhen» und «Die Verwilderung» waren genau die Bücher, auf die wir warteten. Hier fand ein Zeitgenosse die Methode, ins Funktionsschema der Realität einzudringen, ohne sich ihm auszuliefern, Widerstand zu leisten, ohne sich im Abseits zu verlieren. «Teilnehmen an der Wirklichkeit» hiess aber auch in dieser deutlich rebellischen Phase nicht, dass der Autor Literatur und politische Praxis verwechselt hätte. «Das Staunen der Schlafwandler am Ende der Nacht» und «Zeit des Fasans» machten erneut klar, dass Fiktion nur dort unserem Fürchten

und Hoffen auf der Spur bleibt, wo sie sich auf keinerlei inhaltlich bestimmte Verpflichtung einlässt.

Literatur bewegt sich im Vorfeld, die Wirklichkeit kommt ohne sie aus. Aber die Träume, die ihre Grenzen sprengen könnten, und die Ängste, die in ihr namenlos bleiben müssten, suchen eine Zuflucht. Ihnen nachzugehen und sie für uns kenntlich zu machen, dazu ist Literatur da. Die Bücher, die Otto F. Walter geschrieben hat, sind dafür beispielhaft.

I JAMMERS

«DER STUMME»

Hier, jetzt, irgendwo
Die Provinz kann man nicht erfinden. Jammers, so scheint es, war immer schon da, obwohl Fiktion, eine miefige Kleinstadt mit friedlichen Flusspartien, gesäumt von Bergzügen, unverwechselbar durch geographische Hinweise: Aare, Jura, Passwang. Fixiert auch zeitlich: fünfziger Jahre, expandierende Unternehmen, neue Tanksäulen, Verkehrsströme auf geteerten Landstrassen. Heimatlich am ehesten durch die Selbstverständlichkeit, mit der hier Beziehungen entstehen und zerstört werden. Kenntlich bis auf Töne und Gerüche, und doch schon im ersten Roman alles andere als ein zuverlässiges Panorama. Jammers bleibt, auf Gedeih und Verderben, der bewegte Ort aller Erzählungen Otto F. Walters.

Je eine kurze Notiz eröffnet und schliesst den Roman «Der Stumme». Zusammengenommen ergeben die beiden Texte so etwas wie das bruchstückhafte Takteninventar für einen Gerichtsfall. Ort, Tag, ein paar Leute, Gerüchte und ein Geständnis um den Tod eines Mannes.

Obwohl mit zur Erzählung gehörig, schaffen sie durch ihre teilnahmslose Sachlichkeit eine Aussenfläche, die nicht nur die Spannung erhöht, sondern auch verdeutlicht, dass das Erzählte in einer anderen Dimension stattfindet als das Tatsächliche. Während das Tatsächliche feststeht – «Fest stand nur eins: ein Mann war getötet worden.» –, scheint das zu Erzählende sich zu entziehen: «Nicht einmal, dass ein Neuer ankommen würde, wusste man. Man wusste es noch nicht einmal an jenem Tag selber, an jenem Donnerstagvormittag; keiner wusste davon, ausser vielleicht Kahlmann.» So die ersten Romansätze[2]. Keine Vertraulichkeit, kein Bescheidwissen. Auch Dinge und Landschaft erscheinen wie auf der Flucht. Gleich nach dem

Start verliert der Neue seinen Hut auf der zugigen Ladebrücke, er setzt sich in den Windschatten der Lenkerkabine, im rückwärtsgewandten Blick die fliehenden Teerflächen, später das gewundene Steinbett einer Passstrasse, «immer weiter Wald und darüberhin die rasch nordostwärts fahrenden Wolken, (...) und immer noch Wald» (S. 9/10). Keine herbstlich stillen Aussichten, keine kundige Blickführung. Jammers liegt weit zurück.

«Irgendwann hatte der Wagen dann angehalten» (S. 10). Der Ort könnte irgendwo sein, eine Strassenbaustelle im Gebirge mit Baracke, Baumaschinen, Lärm. Und auch davon ist nur eine behinderte Wahrnehmung möglich, Regen und Windstösse jagen darüber weg, Rufe, Signale, Maschinenlärm gehen zeitweilig unter im Wüten des Sturms.

In diesem aufgewühlten, zeitlich und örtlich abgerückten Grund öffnet sich noch einmal ein Abseits. Im Dunkel des Barackenvorraums findet der Neue die Spur des Vaters, die er seit Jahren gesucht hat: das Motorrad, auf dessen Rücksitz er als Kind zum Hausieren mitfuhr und dessen Schlüssel er bei sich trägt, seit er die Sprache verloren hat. An dieser Spur hängen Angst und Hoffnung; Angst, dass vergangene Schrecken wiederkehren könnten, Hoffnung, dass «alles anders würde» (S. 16).

So ist der stumme Held der Geschichte, kaum angekommen, schon wieder abwesend. Die erste Sache, die zur Betrachtung stillhält, die alte NSU, identifizierbar durch einen Fleck abgesplitterter Farbe vorne rechts, holt ihn in eine Vergangenheit, die ihn nicht mehr loslässt. Er ist da und nicht da, lässt sich durch Püffe, Befehle herumkommandieren, überhört Fragen, stellt sich schlafend, um seinen Erinnerungen nachzuhängen. Ohnehin erwartet niemand von ihm Antworten.

Die Fabeln
Was zu erzählen wäre, zerfällt damit in zwei sich überlagernde und durchkreuzende Geschichten, in die

Gegenwartsebene von elf Arbeitstagen und zwölf Nächten auf der Baustelle und in die weiter zurückliegenden, bruchstückweise vergegenwärtigten Ereignisse aus der Kindheit und Jugend des Stummen. Jede für sich genommen, aus der Verflechtung gelöst und auf ihre Fabel reduziert, wäre kaum beachtenswert, spannungslos die eine, rührselig die andere.

Die Gegenwartsgeschichte: Zwölf Bauarbeiter kommen mit dem letzten Stück einer Passstrasse im Jura nicht voran. Das Wetter, kurz vor Wintereinbruch, macht ihnen zu schaffen, Erdrutsche drohen ihnen den Rückzug abzuschneiden, eine Felskuppe, die die Verbindung zur Nordseite versperrt, scheint sich nur unter Lebensgefahr sprengen zu lassen. Erst im Spiel, dann im Ernst, suchen sie nach einem Opfer, das die Sprengung übernehmen müsste. Ein gestohlener Benzinkanister kommt ihnen gerade recht. Der Verdacht trifft den Neuen, den sprachbehinderten Hilfsarbeiter, obwohl es ebenso nahelegen, den ältesten Kollegen zu verdächtigen, der als einziger ein Motorrad bei sich hat. Der Stumme gibt schliesslich, obwohl unschuldig, den Diebstahl zu. Er sprengt die Kuppe. Der Alte eilt ihm in letzter Minute zu Hilfe, wird aber vom Steinregen erschlagen. Der Stumme verschwindet. Einer will gehört haben, wie er kurz nach dem Krachen der Sprengladung «Vater» rief.

Die Vergangenheit: Als sechs-, siebenjähriger Bub begleitet Loth Ferro den Vater oft beim Hausieren. Auf dem Rücksitz des Motorrads oder am Strassenrand wartend, lernt er die Quartiere von Jammers kennen, mit der Zeit auch die Feierabendgewohnheiten des Vaters. Der Vater trinkt, besucht hie und da eine schöne Serviertochter und kommt oft erst spät und angetrunken nach Hause. Zu Hause jagt er Frau und Kindern mit seinen Wutausbrüchen Angst ein, es kommt vor, dass er, betrunken, mitten in der Nacht wieder wegfährt.

Eines Nachts werden Loth und seine Schwester vom Lärmen des Vaters geweckt. Loth schleicht sich in den Hof

hinunter und holt den Zündungsschlüssel der NSU, um, wie er glaubt, der Mutter verhindern zu helfen, dass der Betrunkene wieder wegfahre. Als er zurückkommt, hört er, wie der Vater sie mit Flüchen und Schlägen traktiert. Von dessen Hand gestossen, stürzt sie die Treppe hinunter und bleibt liegen. Der Vater kommt ins Gefängnis, die Mutter stirbt bald danach, die Kinder wachsen getrennt bei Verwandten auf. Loth, der in jener Nacht die Sprache verloren hat, ist seinem Vater seither nicht mehr begegnet. Er möchte ihn aber wiedersehen und versucht herauszufinden, wo er sich aufhält.
Stoff für eine Geschichte zum Mitweinen und Belehrtwerden? Dazu kommt es nicht, ebensowenig fliessen Arbeitstage und Nächte spannungslos dahin. Die Verflechtung der beiden Geschichten bewirkt, dass die Gegenwart Tiefe bekommt, einbricht in den Erinnerungsstrom, der den Stummen forttträgt; und sie verhindert umgekehrt, dass das Vergangene uferlos abtreibt: der Versunkene wird ernüchtert, zurückgeholt in die Gegenwart.
In diesem Wechsel gewinnt allmählich eine dritte Geschichte Kontur, ein Kampf auf Leben und Tod, vorläufig mehr irreal als real, eingesperrt in den Leib des Stummen: «Loth keuchte. Nein. Weiter. Nicht an ihn denken. Nicht an seine Schuhe, nicht an sein Gesicht. Oder seinen Nakken; einen Augenblick lang sah er haarscharf, wie es geschehen könnte: der Vater, der herunterkam, etwa um einen Bohrer niederzulegen, um am Kompressor da hinten vielleicht die Ventile ein wenig nachzuziehen, und er würde zurückkommen, er bückte sich nach dem Bohrer, momentlang hing sein gebeugter Nacken hart vor Loth, dicht neben Loths Pickelspitze, die auf- und niederfuhr, und so würde es passieren – Eine Angst spürte er in sich hochsteigen, und für eine Sekunde die wilde Hoffnung, dass es so kommen könnte, vielleicht jetzt, in der nächsten Minute, er würde kein Wort dazu brauchen, nicht einmal den Schlüssel, und mit diesem einen Schlag wäre dies ewige Gefühl in ihm tot, er wäre frei.» (S. 82)

Den Vater töten und frei werden. Diese dritte Geschichte, auf- und niedertauchend im Lärm der Maschinen und des Sturms, bedrängt von Angst, getrieben von der Hoffnung, «dass alles anders würde» (S. 16), kann erst am Ende des Romans durchbrechen. Der Schrei, der dem Stummen die Sprache zurückgibt, könnte einen neuen Anfang einleiten, eine Geschichte in Freiheit, in der «alles anders» wäre, die real wäre in dem ungewöhnlichen Sinn, dass die Tatsachen sich dem subjektiven Anspruch fügen, anstatt ihn zu versperren. Aber der Held entzieht sich, er verschwindet, wie er kam, niemand weiss wohin.
Die Nachbemerkung hält sich wieder an das Feststehende: Ein junger Mann sagt aus, er habe auf einer Strassenbaustelle seinen Vater getötet.

«Brennglas der Welt»
Die Kritik reagierte auf den «Stummen» beinahe einmütig mit Lob, ja mit Begeisterung. Für Aufsehen sorgte schon vor Erscheinen des Buchs die Auszeichnung mit dem Charles-Veillon-Preis, der jährlich je einem Roman aus dem deutschen, dem französischen und dem italienischen Sprachraum zugesprochen wurde. Die deutschsprachige Jury bestand aus Namen wie Carl Jakob Burckhardt, Karl Schmid, Max Rychner, Werner Weber. Auch ein Vorabdruck in der Frankfurter Allgemeinen Zeitung kam zustande. Allenthalben wurde der Erstling zum Ereignis stilisiert. Dass ein junger Schweizer Autor schlagartig ins Zentrum vorstossen, dass ein Stück ereignisarmer Deutschschweizer Provinz über Nacht weltliteraturfähig werden konnte, war nie dagewesen.
Otto F. Walter wurde ohne Umschweife in die vorderste Reihe moderner Erzähler gestellt und hatte dort, mit wenigen andern, den Beweis anzutreten, dass der deutsche Roman noch lebe. Rudolf Walter Leonhardt bemerkte dazu ironisch in der Einleitung zu einer Artikelserie «Der deutsche Roman 1959»: «Unsere Literatur kann nicht ganz tot sein, solange diese einundzwanzig Schriftsteller

leben.» Mit Werken von Böll, Gaiser, Grass, Hagelstange, Johnson, Lenz, neuerdings Otto F. Walter und einigen andern scheine die Tote die Zehen wieder zu bewegen[3].
Aus der Distanz von über dreissig Jahren fällt es nicht leicht, diesen Erfolg richtig einzuschätzen. Drei Vorzüge sind es vor allem, die immer wieder erwähnt werden: die «moderne» Erzähltechnik, die Wahl eines von Erzählern bisher kaum beachteten Wirklichkeitsbereichs und die «Welthaltigkeit». Mit dem Begriff modern wird gelegentlich der Hinweis auf Autoren verknüpft, die nach Otto F. Walters eigener Aussage stark auf ihn gewirkt haben. Isaak Babel, William Faulkner werden genannt, weniger um Abhängigkeit festzustellen, als um die sprachliche Qualität näher zu bezeichnen: «Der Stumme» ist trotz seiner Verankerung im Regionalen kein Heimatroman, keine traditionell erzählte Geschichte, sondern eine von deutlichem Formwillen geprägte Komposition. «Modern» fasst behelfsmässig die auffälligsten Strukturmerkmale zusammen, es bezieht sich in erster Linie auf den Kontrast von starrem Zeitraster (die Chronologie der zwölf Nächte) einerseits, Auflösung der Zeitebenen durch Vor- und Rückblenden andererseits; auf den Wechsel der Erzählperspektiven, auf das Hin und Her zwischen Er-Form und Du-Anrede.
Eine derartige Neuorientierung des Erzählens hatten in der Bundesrepublik der fünfziger Jahre Autoren wie Böll und Schmidt bereits eingeleitet, zum Teil wiederentdeckt, für die Schweiz war sie immerhin noch ein Wagnis. Ausser Frischs «Stiller» und «Homo faber» gab es kaum Neuansätze. Noch 1958 stellte der Zürcher Ordinarius Max Wehrli die «Gegenwartsdichtung der deutschen Schweiz» unter dem Aspekt einer Konstanz vor, die ins Jahrhundert Gottfried Kellers zurückreicht. Von da aus konnte er gerade die «unzeitgemässe» Kunst Meinrad Inglins als ein besonders bedeutendes Beispiel von Gegenwartsdichtung würdigen. Dagegen verwahrte er sich gegen die Zumutung, «schweizerische Belege für alle modernen

Stile» vorzuführen, weil dies nicht mehr ergäbe als einen Beitrag zur «allgemeinen Verwirrung, die wir heute Literatur nennen»[4].

Wer in der damaligen Zeit aus der als helvetisch empfundenen Tradition ausbrach, geriet leicht in den Verdacht des Unechten, bloss Gemachten oder Imitierten. Wie nahe dieser Verdacht jederzeit lag, zeigt sich sogar in Werner Webers sehr wohlwollender Rezension des «Stummen»: «Otto F. Walter erzählt mit den Erfahrungen, die seiner Generation zur Verfügung stehen: Vergangenes, Gegenwärtiges und Ankommendes gehen eins durchs andere im Medium des Bewusstseins; (...) das kann man heutzutage machen, nach Rezept. Otto F. Walter macht es nicht; bei ihm wächst es – wobei in Sachen Kunst die Verhältnisse, die wie gewachsen erscheinen, von der Naturgabe am weitesten weg und der Geistleistung am nächsten sind. Von daher kommt das eindringlich Dichterische dieses Romans.»[5]

Werner Weber, damals Feuilleton-Redaktor der Neuen Zürcher Zeitung, hat wohl als erster die literarischen Versuche Otto F. Walters kritisch gewürdigt und ihn zum Weiterschreiben ermutigt. Er war es auch, der bei der Preisverleihung die Laudatio hielt. Die zahlreichen Pressemeldungen, die auf seine Rede Bezug nahmen, mögen das Urteil der Kritik massgeblich beeinflusst haben. Und doch ist es kaum allein diesem Umstand zuzuschreiben, dass die Zuordnung des «Stummen» zur Moderne nirgends zum Vorwurf des Modernismus geriet. Ausschlaggebend war eher dies, dass im «Stummen» eine sehr alte Geschichte neu erzählt wird, eine Geschichte von Liebe und Feindschaft zwischen Vater und Sohn, und dass diese Geschichte neu wird – nicht allein durch die Anwendung einer neuen Erzähltechnik, sondern ebensosehr durch ein inhaltliches Moment: dadurch, dass sie im Alltag eines Strassenbautrupps angesiedelt wird, im Kampf von Baumaschinen und Sprengsätzen gegen eine gigantische Natur.

Als «Vorschritt in eine von Erzählern noch kaum berührte Umgebung» (ein verschiedentlich zitiertes Wort aus Werner Webers Laudatio), als «ein Stück neuer Welt, das noch kaum Gegenstand der Kunst wurde», bezeichneten vorsichtige Stimmen das neuartige Umfeld; andere wurden deutlicher: «Hier ist einmal der Versuch unternommen worden, ein Stück Arbeitswelt wiederzugeben, eine Thematik anzupacken, die sonst, weil nicht fein genug, gern umgangen wird.»[6] «Diesem in einer westlichen Demokratie lebenden Autor gelang präzise das, was den Autoren jenseits des Eisernen Vorhangs als höchstes Ziel hingestellt wird: ein exemplarischer Arbeiterroman.»[7]

Auch wenn die Stilisierung des «Stummen» zum Arbeiterroman kaum berechtigt ist, so zeigt sie doch, wie angespannt die Erwartung war: Literatur sollte endlich wieder Neuland erobern, nicht nur formal, sondern auch thematisch, sollte sich auch einmal wieder lösen können von der längst gängigen Welt der Kriegsverwüstung, der Elends- und Lasterhöhlen, und sie sollte schliesslich nicht nur ein beliebig Neues erobern, sondern sich den zeitgemässen Schauplätzen zuwenden, der radikal gewandelten Welt der Arbeit, der automatisierten Grossbetriebe, der überwältigenden Technik.

Als eine Ausnahme, die die Regel bestätigte, fiel der «Stumme» genau in die Zeit, da das Fehlen einer literarischen Auseinandersetzung mit der modernen Arbeitswelt zum Gegenstand offener Fragen wurde. «Es ist paradox, dass die industrielle Arbeitswelt in der Literatur unserer Zeit so gut wie keine Rolle spielt. Paradox, weil die Bedeutung der Welt der Maschinen und technischen Apparate für unser Dasein kaum überschätzt werden kann. (...) Es ist, als stünde an der Strasse der Literatur eine Verbotstafel: Für Dichter kein Thema. Aber was sind die Gründe eines solchen Tabus?» So hat Wolfgang Rothe einen Essay zum Thema «Industrielle Arbeitswelt und Literatur» eingeleitet[8]. Er erwähnt darin vier Romane, die sich unter diesem Gesichtspunkt untersuchen lassen, darunter ist der «Stumme» allerdings das einzige Werk von Rang. Rothe stellt einschränkend fest, dass auch in diesen Romanen Maschinenarbeit, Industrialität nicht eigentlich Thema werde, sondern die untergeordnete Rolle eines Rahmens spiele. Immerhin gesteht er Otto F. Walter zu, dass sein Strassenbau-Ambiente nicht bloss aufgesetzt sei, dass es lebe.

Überraschend wirkte der «Stumme» nicht nur durch Komposition und Schauplatz, sondern auch als Neubearbeitung einer alten Fabel. Als «Gleichnis vom verlorenen Vater» hat Arnold Künzli den Roman gelesen und ihn entschieden aus der Sphäre des ödipalen Einzelschicksals herausgehoben: «Einer, dem es die Sprache Verschlug, ein Stummgewordener – was für ein Sinnbild unserer Zeit. Symbol vor allem jener Generation der heute Dreissigjährigen, die lesen und schreiben lernte, als man im Herzen Europas die Gaskammern rüstete, und die Reife erlangte, als der Atomblitz von Hiroshima einschlug. Die unsagbare Schuld der Väter hat den Söhnen die Sprache verschlagen.» Erstmals wird Otto F. Walter hier als Vertreter einer neuen Generation angesprochen und hinsichtlich seiner historischen Erfahrungen interpretiert. Die Fabel seines Romans ist vor diesem Hintergrund keine beliebige Sohnes-Biographie und mehr als eine alte Geschichte neu erzählt: «Hier hat die Zeit in irgendeinem Juradorf sich einen auserwählt, mit der dichterischen Bewältigung seiner persönlichen Daseinserfahrung zu sagen, was sie im Innersten bewege.»[9]

Soviel Emphase ist uns heute kaum mehr nachvollziehbar. Aber auch da zeigt sich wiederum, wie angespannt die Erwartung war, wie sehr man, besonders im Bereich der Literatur, auf die Lebenszeichen der von Krieg und Faschismus um ihre Jugend Betrogenen hoffte, als wären es die Lebenszeichen einer totgesagten Gesellschaft.

Nicht zufällig wird, auch in anderen Rezensionen, im Kontext des Prädikats der Welthaltigkeit darauf hingewiesen, dass der Autor Schweizer sei, seine Geschichte in der

Schweiz spiele. Keineswegs um Nationales zu betonen, im Gegenteil, um den Vorwurf der Zurückgebliebenheit, der Geschichtsferne der Schweiz zurückzuweisen. Wohl ist die Schweiz auch aus der Sicht vieler Schweizer ein geistiges «Karst-Klima», und die Künstler der Nachkriegszeit leiden vielleicht mehr als frühere an ihrer Enge, ihrem Alternativen-Mangel. Aber gerade dies macht sie empfindlich für Phänomene der «Verschweizerung» – ein verächtliches Wort von Ernst Jünger –, die der Vorwurf historischer Inkompetenz zu Recht träfe, und es macht sie umgekehrt empfänglich für alle Beweise dafür, dass die Zeit der Einigelung vorbei sei, der Geist überall wehen könne. So wird auch der Stumme Loth aus Jammers von den Schweizer Kulturschaffenden bereitwillig als Sinnbild einer ganzen Generation aufgefasst. «Bilder im Brennglas der Welt» hat Alexander J. Seiler die regional verankerten Szenen des «Stummen» genannt, nicht umgekehrt, keine Welt im Brennglas der Schweiz. Und er schliesst mit der Hoffnung, der junge Autor sei «vielleicht Beginn einer neuen Schweizer Dichtung, die den alten Riss zwischen provinzlerischem Selbstgenügen und ausbrecherischem Fernweh in der modernen Perspektive regionaler Weltweite überwindet und künstlerisch fruchtbar macht»[10].
Soweit das Urteil der zeitgenössischen Kritik. Deutlich geht daraus hervor, dass der «Stumme» in mehrfacher Hinsicht latente und offene Erwartungen erfüllte oder sogar übertraf, dass er in der «allgemeinen Verwirrung» der Nachkriegsliteratur eine akzeptable Richtung der Moderne realisierte. Dass es sich bei dem Roman um einen Erstling, beim Autor um einen Schweizer handelte, wurde unter diesen Umständen für einmal nicht nachteilig ausgelegt, sondern als ein zusätzliches Überraschungsmoment begrüsst, das den Ereignischarakter der Neuerscheinung abrundete.
Tatsächlich ist, wie Alexander J. Seiler vermutete, «regionale Weltweite» ein Stichwort für eine weitere Entwicklung geworden, die in den siebziger Jahren als Jurasüdfuss-

Phänomen in der Deutschschweizer Literaturgeschichte eingegangen ist, die alemannische Version eines neuen Regionalismus, wie er sich in der Nachkriegsliteratur allgemein abzeichnete.

Otto F. Walter ist dafür eine Schlüsselfigur. «Schweizer bin ich etwa in dritter Linie», wird er sich 1966 äussern, von Max Frisch auf ein Nationalbewusstsein angesprochen. «Ich stamme aus dem Kanton Solothurn, aus der sehr kleinen Gemeinde Rickenbach, ich wohne im Umkreis von Olten und Aarau: Da liegt mein Erfahrungsbereich, da und in den grossen Städten, die ich besonders mag. Auf das Risiko hin, als provinziell zu erscheinen: äusserlich aus diesem Grunde heraus schreibe ich.»[11] Vom regionalen Standpunkt aus ist der Bezug auf die Schweiz drittrangig, eher leistet der Wahlbezug auf Weltstädte die notwendige Ergänzung.

Wichtige Gründe für die neue Verbindung von ländlichkleinstädtischer Enge und Weltoffenheit sind wohl in der wirtschaftlichen Entwicklung zu suchen. Offene Grenzen, neubelebte Kapitalbeziehungen mit dem Ausland, Fremdarbeiterströme ermöglichten ein boomartiges Wachstum. In einer geographisch günstig gelegenen Randzone wie dem Jurasüdfuss, der Region zwischen Biel und Aarau, wurde die Strukturveränderung besonders augenfällig. Shellflaggen, Motorenlärm, die Beliebigkeit einer Strassenbaustelle markieren im «Stummen» die banale Seite der neuen Weltoffenheit.

Auch für Otto F. Walter bezieht das Heimatliche seinen neuen Reiz nicht aus dem Zufall, dass er dort geboren wurde, sondern aus einer Entwicklung, die seine Unverwechselbarkeit auflöst, seine Einmaligkeit uniformiert. Rickenbach und Jammers werden, rascher als je zuvor, mit irgendeinem Ort der Welt verbunden und vergleichbar. «Hiroshima ist ein Dorf in der Schweiz», lautet eine Gedichtzeile bei Jörg Steiner, dem wenig jüngeren Kollegen aus Biel, «Hiroshima braucht Industrie». Steiners erste Romane «Strafarbeit» und «Ein Messer für den ehrli-

chen Finder» (1962 und 1966) bestätigen, dass er die Anregung aus der Gegend von Olten aufgenommen hat.
Regional verankerte Weltläufigkeit wirkt aber nicht nur am Jurasüdfuss richtungweisend. Die Exotik der Nähe, der beschränkten Alltäglichkeit wird die Deutschschweizer Literatur der kommenden Jahre allgemein beleben.

Den Vater töten
Die Analyse der zeitgenössischen Kritik ist aufschlussreich für die damalige Situation der Literatur, sie soll aber nicht darüber hinwegtäuschen, dass «Der Stumme» heute lange nicht mehr dieselbe Beachtung fände. Gerade was damals als besondere Qualität erschien, könnte in unserer Zeit kaum mehr zündend wirken. Moderne Erzähltechniken im Sinn eines Gegensatzes zu epischer Objektivität bedürften heute keiner besonderen Erwähnung mehr; Welthaltigkeit, die Möglichkeit symbolhaften Erschliessens des menschlichen Ganzen durch Einzelschicksale, ist erneut fragwürdig geworden.
Faszinierend dagegen ist «Der Stumme» auch heute noch durch die stimmige Art, in der die formalen Mittel eingesetzt sind. So ist die perspektivische Auflösung des Geschehens weniger literarisches Programm als vielmehr notwendiger Ausdruck für die Ahnungslosigkeit der Beteiligten. Sie kennen Loths Vorgeschichte nicht und nehmen deshalb die Ereignisse der Gegenwart nur beschränk wahr. Ebensowenig ist die «moderne» Tendenz, den Helden als psychologisches Zentrum des Geschehens aufzuheben, blosses Experiment. Desintegration, da sein und doch nicht dazugehören, oder dabei und doch innerlich abwesend sein, entspricht der Existenzweise eines Stummen. Auch die Du-Anrede gegenüber den elf Arbeitskollegen von Vater und Sohn ist mehr als Pose. Der Erzähler, der sich damit ins Spiel bringt, wird zu einer Instanz, die die beteiligten Figuren als Zeugen aufruft, sich jeder Einzelheit genau zu erinnern; darüber hinaus macht er auf die Beschränktheit ihres Blicks aufmerksam: «So sehr

warst du in Eifer und gespannt jetzt auf das nächste Wort, das Kahlmann sagen würde, dass du den alten Ferro nicht bemerktest (...) erst einen Tag später fiel er dir plötzlich ein, er und sein merkwürdig flaches Gesicht, und dass du ihn so seltsam ruhig, ganz in sich versunken, hattest dort stehen sehen.» (S. 220)

Faszinierend, damals wie heute, ist die Erzählung gerade durch das, was sich ihr entzieht, was auch am Ende nicht eigentlich zum Ende kommt, durch jene dritte Geschichte, die den Stummen an den Rand des Wahnsinns treibt, mit dem Wunsch, den Vater zu töten, um frei zu werden. Mehr angedeutet als erzählt, mehr irreal als real, endet dieser Kampf schliesslich mehr durch Zufall als durch bewusstes Handeln: Der Sohn hat den Vater nicht willentlich getötet, gleichwohl hat das Erschrecken über seinen Tod ihm die Sprache zurückgegeben.

Im Zustand der Andeutung aber ist diese Geschichte von der ersten Seite an gegenwärtig, im Lärmen des Sturms und der Maschinen, im Drohen der Felsen, im Krachen der Sprengladungen; im Wind, der dem Stummen den Hut vom Kopf reisst und ein loses Segeltuch tagein tagaus knattern lässt, bis man schliesslich, in der Eile des Aufbruchs, Ferros Leiche darin einschlägt; im Nebel, der die Welt unkenntlich macht, im Regen, der sie auflöst.

Zugleich ist die gigantische Topographie eines Kampfes auch viel mehr als blosse Metapher eines Einzelschicksals. Dieses Mehr als Welthaltigkeit zu bezeichnen, wäre unpräzise, vielleicht auch irreführend, sofern es auf die Verallgemeinerungsfähigkeit, gar Überzeitlichkeit des dargestellten Lebenslaufs anspielt. Das Bedrohliche, das hier vorgeht, entspricht wohl Loths innerem Zustand, es ist aber auch geeignet, diesen Zustand ins Unerträgliche zu steigern, so dass «er plötzlich diese Angst wieder spürte als er mit Kahlmann jetzt nach vorn ging, dem mächtigen Leib des Frontlenkers entlang nach vorn, – Angst vielleicht nur, weil hier alles so fremd war und er wusste, dass er dem Mann begegnen würde, dem Vater, (...) Angst, weil da vorn diese fremde Baustelle war: eine in die breit ausgeholzte Waldschneise hineingelegte, hineingefressene Strassenbaustelle, an ihrer Frontseite von Sprengschutt überlagert, von aufgerissenen Wurzelstöcken, von Schotterzeug und von diesen mächtigen, gelblichen Kalksteinbrocken (...)» (S. 16/17).

Wie in Jammers die Welt ins Regionale eingeht, so enthält der Kampf, der hier stattfindet, ausser den persönlichen deutlich auch gesellschaftliche Züge. Nach dieser Seite hin ist er auf die Zeichen technischer, mit Sprengsätzen bewehrter Naturbewältigung festgelegt. Und die Entsprechung von Persönlichem und Gesellschaftlichem lässt sich so formulieren: Wie es den Stummen in eine Gegend zieht, in der er hofft, seinen Vater wiederzufinden, die abgebrochene Lebensgeschichte fortzusetzen, so zieht es den Erzähler mit dieser Figur in eine Dimension, in der etwas von den stummen Gewalten, Ängsten und Hoffnungen, die die Zeit beherrschen, sichtbar wird. Zu der treibenden Kraft einer Aufbaugesellschaft, die sich ihren Weg freisprengt, gesellt sich ein Stück weit die Hoffnung des Stummen, dass «alles anders würde»; an ihrer präzise berechnenden Gewalt können sich seine aggressiven Wünsche aufladen; mit der Angst, die die Arbeiter heimsucht: Angst vor der Übermacht der Natur, vor dem abgeschnittenen Rückweg, wächst seine eigene Angst vor der Macht des Vaters, vor dem Zustand der Sprachlosigkeit.

Ein bezwungener Berg, ein toter Mann und ein Stummer, der wieder reden kann, bilden das feststellbare Ende der Geschichte. Was nach diesem Ende anfangen könnte, ist nicht mehr erzählbar. Für eine Geschichte in Freiheit scheint es weder eine geeignete Figur noch eine geeignete Weltgegend zu geben. Die Bewegung aber, die vom Feststellbaren weg- und darüber hinaustreibt, ist bereits spürbar. Vergangenes loswerden, das mit der Wucht des Fremden und Unbegriffenen die Gegenwart besetzt hält, die Zukunft erfinden, in der alles anders wäre, dieses Grundmuster wird deutlicher auch die späteren Werke bestimmen.

Der Autor

Sanfte Besessenheit
«So sässe er denn im Schmollwinkel, im Elfenbeinturm, im Fesselballon und schaute gelangweilt hinab, der Autor unserer Zeit? So wäre er weltflüchtig, mönchisch, verzweifelt und radikal? Mitnichten; ganz im Gegenteil. Er ist ein nüchtern-schlichter Mann, dem Sozialen – Hoffmannsthals «Sozialem»! – zugewandt, unscheinbar (T. S. Eliot als bescheidener Clerk bei Faber and Faber, Camus, vor Jahren, in der Lektoratsklause Gaston Gallimards), gewissenhaft, kritisch, politisch wachsam und sachlich... mit einem Wort, ein Handwerker, der seine Aufträge vom Verlag und Funk entgegennimmt und die verlangte Arbeit zur rechten Zeit präsentiert.»[12]
Das Bild des Nachkriegsschriftstellers, wie es Walter Jens 1961 entworfen hat, könnte Otto F. Walter auf den Leib geschrieben sein. Der dreissigjährige Schweizer übertrifft es sogar noch an disziplinierter Nüchternheit, Unauffälligkeit. Vorrang hat seine Arbeit als Verleger, Schreiben findet zwischen Geschäftsschluss und Abendessen statt, auch nachts und am Wochenende, soweit dies in einer Familie mit drei kleinen Söhnen möglich ist. «Ich wäre unfähig, die Existenz eines freien Schriftstellers zu führen. Ich brauche die Verbindung zur Realität des täglichen Berufslebens, die gesunde Spannung zwischen dieser und meiner künstlerischen Arbeit. Vielleicht werde ich meine Verpflichtungen im Verlag mit der Zeit ein wenig abbauen können – mehr möchte ich gar nicht.» So äusserte sich Otto F. Walter 1960 im Gespräch mit Alexander J. Seiler[13].
Nichts Zerquältes und nichts provokativ Genialisches, aber auch keine Extravaganzen. Ein gepflegter Bürstenschnitt, Business-Anzug, hoch, schmal, bescheiden, zurückhaltend, fast schüchtern, aber ernsthaft und bestimmt – Erscheinung und Auftreten haben Otto F. Walter den Zugang zum Publikum erleichtert. Ob die Solothurnische Töpfergesellschaft, die «Freie Vereinigung Gleichgesinn-

ter» oder das Basler Realgymnasium ihn zu einer Lesung einlädt, die Berichterstatter sind sich durchwegs einig, dass er ankommt. «Schlicht und ohne Pathos wie sein Werk war auch das Auftreten Otto F. Walters. Es freut den Leser, dass er das Bild, das er sich vom Autor des ‹Stummen› gemacht hat, auf so sympathische Weise bestätigt findet.»[14)]

Otto F. Walter scheint auch in persönlicher Hinsicht bestehende Erwartungen erfüllt oder besser: Empfindlichkeiten nicht herausgefordert zu haben. «Er liest ganz konventionell, befangen, wie das jedem Schweizer wohl ansteht, ein Junger, der dem Applaus abgeneigt ist, der nie sein Publikum ansieht und die Sicherheit aus seiner Aussage schöpfen muss»[15)], lautet ein schweizerisch ungelenker Kommentar. Das Schweizer Publikum hätte Pathos in Verbindung mit deutscher Hochsprache noch immer schlecht aufgenommen, eine schauspielerisch gekonnte Selbstinszenierung wäre wohl als unecht verdächtigt, ein zorniger junger Mann in der blühenden Schweiz als fehl am Platz abgelehnt worden.

«Wo immer die junge Schriftstellergarde Unterschriften sammelt oder Manifeste veröffentlicht, wo immer Treffen veranstaltet und Umfragen veröffentlicht werden – der Name Walter fehlt. Er hält offensichtlich mehr davon, sich bei Arbeitern umzusehen und am eigenen Haus Reparaturen auszuführen, die Gehversuche junger Autoren zu überwachen und das Erfahrene in eigenen Büchern niederzuschreiben.»[16)] Auch die politische Zurückhaltung wird mit Wohlwollen vergolten und notfalls zurechtgebogen. Der Name Walter «fehlte» zum Beispiel nicht in der Debatte, in der sich Schriftsteller gegen die Atombewaffnung der Schweizer Armee wehrten.

Gerne reicht man sich auch die wenigen Details weiter, die aus dem Privatleben des Autors bekannt sind. Sie bestätigen das nimbusfreie Bild: Der Büchermensch Walter hat «eigenhändig» ein verfallenes Steinhaus in der Provence wiederaufgebaut, er hat schon als Zwölfjähriger im Garten mit Scheddit gesprengt, er wohnt mit Frau und Kindern noch immer im ländlichen Rickenbach, wo er aufgewachsen ist, er war Schüler eines Benediktinerkollegiums, absolvierte eine dreijährige Buchhändlerlehre in Zürich, ein Praktikum in einer Druckerei in Köln, er leitet seit 1956 die literarische Produktion des von seinem Vater gegründeten Walter Verlags in Olten. Auch hier also kein Bruch, ein Sohn, der eine geebnete Laufbahn antritt und die Tradition fortsetzt; schon der Vater war schriftstellerisch tätig, eine ältere Schwester, Silja Walter, Ordensfrau, ist bereits eine bekannte Lyrikerin.

Wer Näheres wüsste, wie der Verlagsdirektor Joseph Rast, der mit den Familienverhältnissen vertraut ist, übergeht taktvoll, was anstössig erscheinen könnte. Seine umfassende Würdigung des «Stummen»[17] erwähnt mit keinem Wort, dass der ehemalige Benediktinerzögling die Gymnasialzeit nicht ordentlich beendet hat, sondern aus disziplinarischen Gründen abbrechen musste; dass ihn mit den Talenten, die ihm «im Jahre 1928 in die Wiege gelegt» wurden, auch die Auflage erwartete, in einer standesbewussten Familie nach acht Schwestern als einziger Sohn zu bestehen, und dass er, als jüngstes Kind, am meisten unter dem fortschreitenden psychischen Zerfall des Vaters zu leiden hatte. Erst Jahrzehnte später wird es möglich sein, über diese Seite der Biographie zu reden. Die heile Familienwelt, die die Schwestern erlebt hatten, wurde «rasant überschattet von der Entwicklung meines Vaters, der immer mehr zum Alkoholiker wurde. Wie er sich so alle drei, vier Monate bis zur totalen Besinnungslosigkeit auslöschte – das war für mein Gefühl schon eine Art von Selbstzerstörung. Eine Zerstörungsaktion, die mir psychologisch auch heute noch nicht ganz klar ist. Jedenfalls hat mich das auch sehr mitgeprägt. All das hat schwere Schatten auf meine Kindheit geworfen.»[18]

Einige Charakterzüge, die aufmerksamen Gesprächspartnern an dem jungen Autor sofort auffielen: die Beharrlichkeit, die Zielstrebigkeit, die vorsichtige Präzision im

Ausdruck, hätten vor diesem düsteren Hintergrund nicht nur auf eine gefestigte, erfolgssichere Persönlichkeit schliessen lassen. Die Brüche und Unebenheiten der ersten Lebensjahre hätten auch die Vermutung zugelassen, dass hier eine «sanfte Besessenheit» am Werk sei – für Otto F. Walter ein Merkmal seines Schreibens –, ähnlich derjenigen des stummen Loth, somit eine vergleichbare Unbeirrbarkeit im Umgang mit Zündstoffen, im Zugehen auf Hindernisse.

Dass die Gewalt in Vatergestalt nicht nur die Fiktion, sondern auch das Leben des Autors besetzt hielt, dass vielleicht – mehr noch als der Stumme – er selber ein Ödipus, ahnungslos-wissend unterwegs war, den Vater zu töten, auch dies lässt sich vorläufig nur vermuten. Die Krisen der folgenden Jahre zeigen aber, dass der Durchbruch, der im ersten Roman gelang, auch persönlich ein Stück Befreiung ermöglichte. Die überwundene Vatergestalt gibt den Blick frei für andere Gewalten, für die Kehrseite der gesellschaftlichen Triebkräfte, mit denen «Der Stumme» sich noch ein Stück weit verbünden mochte.

«HERR TOUREL»

Den Irrtum lügen, die Wahrheit erfinden
«Dir, lieber Albert», schreibt Tourel auf der Flucht vor polizeilicher Verfolgung an seinen einzigen Freund, «kann ich's ja sagen: Du hast Dich – diesmal – geirrt in Deinem Dich mit Dank grüssenden Kaspar.» (S. 140)[19)] Als treuherziges Eingeständnis gelesen, würde der Satz bedeuten: Tourel gibt zu, dass er in Neuchâtel einen Raub verübt hat, dass sich der Freund also – diesmal – geirrt habe, wenn er annahm, Tourel möge unschuldig sein, würde aber doch besser fliehen, weil sich seine Unschuld schwer beweisen liesse. Als scheinheiliger Versuch, den Freund sanft in die Schranken zu weisen, der sich anmasst, Tourel nur zu gut zu kennen, läse sich der Kartengruss jedoch andersherum: Diesmal hast Du Dich nun doch

geirrt, wenn Du glaubtest, mir wie üblich vormachen zu müssen, Du glaubest an meine Unschuld, obwohl ein so handfester Verdacht gegen mich vorliege. Denn diesmal *war* ich unschuldig. Dann würde das eingeständnishafte «Dir kann ich's ja sagen» etwa soviel andeuten wie: andere Male mochte ja etwas dransein an Deinen Vermutungen.

Umwegigere Lesearten wären wohl auch noch möglich; vertrackt genug sind aber schon diese beiden. Wer der ersten zuneigt, weil es scheint, gerade hier könnte Tourel es einmal ehrlich meinen, widerlegt sich selbst: wenn Tourel sich nur für diesmal schuldig spricht, weist er zugleich alle früheren möglichen Vergehen von sich. Wir hätten ihn dann also zuvor zu unrecht der Lüge verdächtigt, oder aber wir dürften ihm gerade das ehrliche «diesmal» nicht glauben. Umgekehrt wird, wer Tourel aufgrund seiner früheren Schummelei die Unschuld auch diesmal nicht abkaufen will, durch den Anflug von Ehrlichkeit überrascht. Tourel ist im Begriff, zwar nicht diese, dafür etliche frühere Untaten zuzugeben.

Beide Deutungsversuche enden ausweglos, und nicht genug, ein paar Seiten weiter fallen sie vollends in sich zusammen, weil Tourel zugibt, «Albert, wenn ich so sagen darf, ist, – nun, Albert ist eine Erfindung von mir, ja so ist das: eine reine Erfindung, ein Spass, eine – Lüge wäre bereits zuviel gesagt, ja, Albert ist ein Spass von mir gewesen.» (S. 146) Und selbst damit noch nicht genug, nicht nur Albert wird zurückgenommen, sondern die Erfindung «Herr Tourel» insgesamt: es gibt sie genaugenommen nicht oder nicht mehr, denn sämtliche Notizen sind entweder von Kindern zu Schiffchen gefaltet und in der Aare versenkt oder vom geistesschwachen Mohn eingeweicht und den Schnecken verfüttert worden. Genaugenommen sind wahr und falsch, Schuld und Unschuld vor diesem Hintergrund müssige Unterscheidungen. Wer hier dennoch unterscheiden und klarstellen möchte, muss sich ironischerweise aufs Ungenaue, aufs Unwahre einlassen. Mit Logik ist dem Tourel nicht beizukommen.

Dagegen scheint er auf Verdächtigungen anzusprechen. Tourel, dieser «lusche Photograph», im Urteil der Leute von Jammers «keiner von hier», ein Herumtreiber und Nichtstuer, der sich verdächtig macht, weil er nicht nichts tut, sondern offensichtlich etwas sucht. Eines Tages tauchte er in der Gegend des Zementwerks auf, bezog ein armseliges Quartier, eine Waschküche im Hinterhaus eines Südfrüchtehändlers, verbummelte seine Zeit, bändelte mit Beth Ferro, der Nichte des alten Bierladenwirtes an, wiegelte die Zementarbeiter zum Streik auf und spionierte gleichzeitig für die Zementwerkbesitzerin herum, verschwand, als die Sache brenzlig wurde, hatte wohl auch das Mädchen geschwängert, ihm allerlei versprochen und es nach einem misslungenen Abtreibungsversuch im Stich gelassen. Von da an erlaubte ihm sein Lebenswandel nicht mehr, sich irgendwo für längere Zeit niederzulassen. Hier ein Diebstahl, da ein kleiner Raub an einem Unfalltoten treiben ihn weiter, dort ein übler Scherz an gutmütigen Bauersleuten: Betrug und vielleicht sogar Brandstiftung; zwischendurch eine Schlägerei, ein kräftiger Rausch, eine Nacht in der Zelle oder wieder einmal eine Verführergeschichte, die einen zornentbrannten Metzgermeister auf den Plan ruft und eine erboste Meute – durch Tourels listigen Tip lässt sich ihre Wut mühelos auf einen unschuldigen Italiener umlenken.
Das alles und beliebig viel dazu könnte Tourel verübt haben, so wollen es die Gerüchte, so will es der Verdächtigte selber gehört oder erlebt haben. Durch Zufall ist er nach sieben Monaten des Herumirrens wieder in Jammers gelandet, weil er sich im zuletzt gestoppten Wagen verschlafen hat. Unkenntlich, mit Dreiwochenbart und in eine riesige Jacke gehüllt, findet er in einer alten Bootshütte Unterschlupf, bedrängt von Ängsten, die er sich vom Leib redet. Marder umschleichen ihn, starren ihn aus dem fauligen Dunkel der Hütte an und rufen Erinnerungen wach an den Keller des Elternhauses, an Stunden der Angst bis zur Besinnungslosigkeit. Wie damals verscheucht er die

listigen Mardergesichter, indem er zu reden anfängt, jammersdeutsch. In die Nähe der Leute wagt er sich erst in der Dämmerung. An den paar Abenden, da er unauffällig im Garten einer Wirtschaft sein Bier trinkt, erfährt er bruchstückweise die Ereignisse der letzten Zeit. Die Polizei ermittelt in einem mysteriösen Todesfall. Julian Jeheb, Onkel der Beth Ferro, ist ums Leben gekommen. Die Leute im Quartier hatten gerade herausgefunden, dass er die Schwangere nicht zur Tante nach Pruntrut geschickt, wie auch Tourel glaubte, sondern sie sieben Monate in ihrem Schlafraum eingesperrt hatte. Ohne sein Wissen war sie aber ausgebrochen, hatte sich jeweils nachts unter den Bodenbrettern einen Gang gewühlt, bis sie draussen war und sich im Wohnwagen des debilen Mohn verstecken konnte. Dort starb sie an der Geburt ihres Sohnes. Empört vom Verdacht, die Tote sei nicht nur misshandelt worden, sondern auch ein Opfer von Blutschande, strömten die Quartierbewohner vor Jehebs Haus zusammen. Der Alte beteuerte seine Unschuld, verlor offensichtlich den Verstand, stürzte von der Verandatreppe oder wurde gestürzt und blieb tot liegen.
Bei den Ermittlungen, die seither laufen, spielt auch der Name Kaspar Tourel eine Rolle. Aber keiner hat den Photographen seit seinem Verschwinden gesehen. Tourel könnte also beruhigt sein, sich wieder verziehen und der Sache ihren Lauf lassen. Aber er scheint aus den Gesprächsfetzen mehr herauszuhören als wir. Er scheint Bescheid zu wissen, auch wenn er behauptete mit allem nicht das Geringste zu tun zu haben. In den paar Tagen seiner Anwesenheit sieht er eine Flut von Verleumdungen gegen sich anwachsen, der er nirgends mehr entkommt.
Tourel gibt sich herausgefordert, beleidigt, zutiefst verkannt, aber auch gefasst. Er macht sich daran, «in aller Ruhe» die Dinge zu notieren, wie sie sich seiner Überzeugung nach zutrugen, «in aller Schärfe» Lüge und Verleumdung zurückzuweisen, gestützt auf sein «gottseidank» aussergewöhnliches Gedächtnis und seinen Trieb, «die

Wahrheit zu verteidigen, wo immer sie in Gefahr steht».
«Ich darf betonen», «wenn ich so sagen darf», «ich werde auf diesen Punkt zurückkommen» sind Lieblingswendungen in seiner Gegendarstellung, Posen der Korrektheit, die seine Absicht durchkreuzen, seine Glaubwürdigkeit schwinden lassen. Der überlaute Protest verrät, wo seine Feinde recht haben könnten, die eifrige Selbstapologie, die aus Missgeschick Plan und aus Nöten Tugend macht, deutet an, wo er sich selber aufgegeben hat. Fliehend verstrickt er sich in die Behauptung, an Flucht überhaupt nicht zu denken. Seine Absicht, «nach zwölf Jahren harter Berufsarbeit» ein freies Leben zu beginnen, der Routine zu entkommen, bleibt im Anlauf stecken. Tourel kann weder vor noch zurück.
Kaum zufällig führt ihn seine Reise zweimal im Kreis, zweimal nach Jammers zurück, nicht zufällig überfallen ihn hier die alten Kinderängste, und immer noch weiss er kein anderes Mittel, sie zu verscheuchen, als damals: Reden auf Leben und Tod. Seine Angst, sich zu lösen, scheint grösser als seine Fähigkeit, Freiheit zu ertragen; so richtet er sich am Abgrund ein.

Wahnsinn an aussichtsreicher Lage
«Offengestanden habe ich die Absicht, mir demnächst an geschäftlich aussichtsreicher Lage eine neue Existenz aufzubauen.» (S. 75) «Ich hatte zunächst vor, (...) von dieser Basis aus, wenn ich so sagen darf, allmählich die Untersuchungen meiner Möglichkeiten zum Aufbau einer neuen Existenz in die Wege zu leiten.» (S. 21)
Solche Wendungen, in denen der Gescheiterte sich zuversichtlich gibt, haben mit der Taktik des eingesperrten Kindes wohl noch gemeinsam, dass sie Unverzagtheit vorspielen, so tun, als gäbe es keinen Grund für Angst oder Besorgnis. Tourel pfeift aber kein beliebiges Lied und erzählt keine beliebige Geschichte. Er redet von sich, von Verleumdung und Wahrheit. Er nimmt gegen sich selber Partei, wenn er sich in der Sprache und aus der Optik

derer verteidigt, denen seine Existenz verdächtig ist; er überführt nicht seine Gegner, sondern sich selber, wenn er sich vom Gesindel abgrenzt. Eine Waschküche, ein Unterschlupf werden auch durch beflissene Umdeutung keine «Basis» für ein erfolgreiches Geschäft, unstetes Herumirren wird nicht planvoll, Doppelzüngiges nicht wahrheitsgemäss. Tourel bekommt sein Leben nicht in den Griff, immer weiter treibt er von sich ab.
Die Szenerie lässt jedoch auch in diesem Punkt keine Eindeutigkeit zu. Die vertriebene Wahrheit taucht anderswo wieder auf. Tourel hat einen schattenhaften Begleiter, den schwachsinnigen Mohn. Mohn tritt unvermutet auf und lässt sich nicht verscheuchen, er empfängt Tourel bei der ersten Ankunft in Jammers, verhilft ihm zu einem Quartier am Rand eines Autofriedhofs, wo er selber wohnt, geht wie Tourel auf lautlosen Gummisohlen, hat wie er eine Tasche umgehängt, seinen Schneckensack, ist immer auf der Suche nach besonderen Schnecken an schattigen Plätzen, eine Art nächtlicher Parodie des Bilderjägers Tourel. Mohn will mitgehen, als Tourel Jammers verlässt, und er tritt ihm gleich am ersten Abend seiner Wiederkehr entgegen. Unaufgefordert, monologisch wie Tourel in seiner Bootshütte, fängt Mohn seine wirren Reden an, ein interpunktionsloses Geschiebe von Satzbruchstücken. Atemlos gibt er darin seine Zwiegespräche mit Beth Ferro wieder, die sich aus ihrem Gefängnis ins Freie gewühlt und, schon vom Wahnsinn gezeichnet, in seinen ausgedienten Wohnwagen geflüchtet hat. Tourel betont zwar, kopfschüttelnd, quasi um Nachsicht bittend, Mohns Berichterstattung sei absurd, eine völlig unwahrscheinliche, vermutlich erfundene Geschichte, die der arme Kerl loswerden müsse. Dennoch entsteht der Eindruck, dass gerade sie einen wohltuenden Gegensatz von Lüge und Verstellung bilden:
«Roti Rösli im Garte summt sie und bleibt eine ganze Weile lang ruhig im Dunkeln und sagte nur einmal verstehst dus zu mir verstehst du mich Mohn und natürlich

versteh ich das alles war genug drin in Jammers und hab alle Schaufenster angeschaut und einmal hab ich oben bei Derungs & Co. die Schnecken hingebracht und kamen eine Menge Mädchen die Strasse herunter und hatten Kränze mit und dahinter und sagte sie nein zu mir nicht das, Mohn und lachte wieder und auf einmal beginnt sie zu atmen drüben und sagt nichts und atmet nur und dann fragt sie mich wenns aber weh tut wenns weh tut und hat im Dunkeln gestöhnt und flüstert auf einmal und ich verstehs kaum in der Laderaumhöhle: jetzt nein nein wies weh tut nur tief atmen und warten Mohn Mohn aber das ging schon vorbei und redet wieder sagte jede Nacht zwei Stunden und immer setz ich die Bretter wieder ein bevor ich zu Bett ging und die aufgekratzte Erde hab ich immer in den Sack sieben Monate lang in diesem abgedunkelten Schlafraum den Winter über und Onkel Juuli sagte Guten Tag Contessa zu mir ich hab an Pfingsten gedacht an Pfingsten wird unsere Hochzeit sein und mein Bräutigam und mein Kleid.» (S. 42))

Mohns zerrüttete Reden schieben sich zwischen Tourels wortreiche Widerlegungen der öffentlichen Meinung, eine andere, glaubwürdigere Form der Gegendarstellung. Sie lassen keinen Zweifel, dass Tourel der Vater von Beths Kind ist, dass er, vom Onkel belogen, nicht wissen konnte, wo er Beth suchen musste, sie stellen die Liebe wieder her, die Tourel abstreitet, um dem Gerede zu entgehen, und sie setzen zerstörte Hoffnungen in die Zukunft fort: «Wenn aber mein Bräutigam Mohn wo er mir doch geschrieben hat an Pfingsten komm ich zurück und hat mir die ganze Reise erzählt mit dem Haus wie sies herrichten und das neue Ladengeschäft das neue Photogeschäft so ein tüchtiger Mensch (...) aber nein wenn du dableibst und red noch ein bisschen sagt sie immer zu mir so red noch und keucht mit dem Mund auf ...» (S. 147)

In Beths Wahn verfliesst schliesslich die Gestalt Mohns mit derjenigen des Bräutigams, zu dem sie von Anfang an schattenhaft gehörte; vom Augenblick ihres Todes her

sind der Idiot und der ausgebürgerte Künstler eins, Mohns Reden innere Monologe Kaspar Tourels: «... und bin wieder vorgegangen und stosse die Blechtür auf das helle Morgengeflimmer das Poltern vom Werk herüber und kühl geh ich wieder hinein und noch immer kein Bräutigam aber hat nicht zugehört hat gewimmert nicht zugehört und fasst meinen Arm hier tut ihre Arme um meinen Hals bist du da aber wo ich doch immer die ganze Zeit hab ich gesagt bist du da bist endlich gekommen und schnauft vor mir und das ganze verschwitzte Gesicht an meine Wange wenn das nur kein Unglück hab ich gesagt und hab sie gehört wie sie schnauft bist du zurückgekommen aber weisst du hat sie gesagt bin jetzt gar nicht schön aber nicht mehr lange hat immer gekeucht nicht mehr lange nein nicht und hab ihre Fingernägel hier in der Schulter und wieder und hab sie fast nicht mehr gehört und zog mich hinab zog mich nach hinten im Dunkeln eine solche Kraft und sage nur immer Contessa wenn du nicht aufhörst aber die nicht drückt nur das Gesicht in meine Schulter du bist zurückgekommen bist da sagt sie bist bei mir mit dieser Flüsterstimme...» (S. 148)
Beths Elend, die trostlosen Umstände ihres Todes könnten dazu herhalten, Tourel zu belasten. Er: der Verführer, der selbst nicht weiss, ob mehr als optisches Interesse ihn an ihre Lippen, ihre Augen, ihre Gestalt bindet, ihr er Liebe nicht wert. Sie: ein schuldloses Opfer seiner zweideutigen Art, seiner liederlichen Unentschlossenheit. Jedoch um Schuld festzumachen, ist der «Tourel» ungeeignet. Beths beziehungsweise Mohns Reden führen etwas anderes vor. Wie Tourels widersprüchliches Geschwätz lösen sie sich aus dem Identitätszwang des im Tatsächlichen, im So-und-nicht-Anders verhafteten Bewusstseins. Zwischen Wahrheit und Lüge, Leben und Tod, Hoffen und Verzweifeln schaffen sie einen schmalen Spielraum, in dem die Grenzen sich verwischen, Gut und Böse ihre Gesichter tauschen, Brautkleid und Leichenhemd ineinander verfliessen, aber auch Mohn und Tourel moment-

weise eins werden, der durchtrieben gegen sich anlügende Wahrheitssucher und der blöde, zur Verstellung unfähige Sprecher des Wahnsinns. Ein Raum mitten drin und doch im Abseits von Jammers, der Spielraum des Erzählbaren, in dem, wie schon im «Stummen», das Irreale allmählich Kontur gewinnt, das Mögliche mit dem Tatsächlichen den Kampf aufnimmt. Während dort Rückweg und Ausweg freigelegt wurden, führt hier die Bewegung im Kreis, und die Stationen gleichen Gefängnissen: Keller, Waschküche, Bootshütte, eine vernagelte Kammer, eine Blechbehausung; während im «Stummen» Sprachlosigkeit Zwang, Reden Erlösung war, ist im «Tourel» das Sich-frei-Reden selber zwanghaft geworden. Tourel redet sich auf Tod und Leben die Feinde vom Leib, Mohn muss, wenn Beth der Atem versagt, weiterreden, damit sie nicht vor Schmerz vergeht.

Das befreiende Spiel, das der Autor mit seinen Figuren treibt, indem er sie löst aus der geregelten Syntax des Lebens, bindet sie mit unsichtbaren Ketten an den Ort und den Zustand, dem sie entkommen möchten. Beth stirbt, Mohn plärrt, bleibt allein zurück und füttert seine Schnecken mit Tourels «Klarstellungen», Tourel selber wird unselig umtreiben. Am Ende des Romans steht er wieder an der Wegkreuzung nach Pruntrut, weil er dem Gerede entnommen hat, dass Beths Kind dorthin gebracht wurde. Ein Lichtblick? Vielleicht. Vielleicht auch nur ein Motiv, den Kreis sich wieder und wieder schliessen zu lassen.

Träume ohne Unterkommen
Ein Roman, der seine Fabel der Zweideutigkeit ausliefert und dem Wahnsinn anvertraut, muss mit Ablehnung und Missverständnis rechnen. Dafür ist er wenig anfällig für vorschnelles Einverständnis. Positive Reaktionen auf Otto F. Walters zweiten Roman sind deshalb spärlicher ausgefallen. Etliche Kritiker helfen sich mit einer Aufspaltung von Sprache und Inhalt, anerkennen Sensibilität im Umgang

mit Stimmungen, Präzision im Detail, zeigen sich aber ratlos bei der Auflösung der Charaktere und Motive:
«Der trockene Staub aus der Zementfabrik der kleinen Schweizer Stadt, in der sich die vertrackte Lebensbeichte zuträgt, dieser Staubvorhang, der sich peinigend über alles Leben dort breitet, ist ein zutreffendes Symbol auch für diesen Roman und seine Technik. Flugstaub, der kostbare Einzelheiten mit sich führt, gestochen scharfe Detailschilderungen, stupende Momentaufnahmen, frappierende Beobachtungen und Formulierungen (‹Noch lagen Misstrauen, Erstaunen und Neugier übereinander auf ihren Gesichtern›) – aber das Ganze verharrt in grauer Ungestalt»[20]. So urteilt Günther Blöcker, und in ähnlicher Richtung geht Peter Härtling: «Es gibt wenige Schriftsteller unter den jüngeren, zu deren Können man soviel Zutrauen haben kann. Man spricht bei solchen Büchern von Irrwegen. Ich finde, dass dieses Buch für Walter eine wichtige Aufgabe erfüllt hat: Es zeigt ihm, dass seine Sätze zu fest, zu körnig, zu prall sind, um sich im Schatten abfinden zu können. Der geschwätzige Herr Tourel mit seinen Selbstverleugnungen genügt der Wahrhaftigkeit dieser Sprache nicht.»[21].

Der Überschuss an Wohlwollen, mit dem der Autor des «Stummen» immer noch rechnen kann, verwandelt sich in eine Auflage: Er soll das Experimentieren lassen, den Leser vor der Qual des Rätselratens verschonen und wieder «aus seiner natürlichen Mitte» schreiben: «Ich halte den Roman ‹Herr Tourel› für missglückt. Aber da ich an Walters Talent nicht zweifle, sei ihm verziehen. Möge er in seinem dritten Werk auf den sicheren Weg zurückfinden, den er im ‹Stummen› beschritten hat», rät Arnold Schwengeler[22].

Nur ganz wenige attestieren dem Buch einen überzeugenden Weltbezug: «... das Menschenleben, doppelbödig, zwiespältig und verstrickt, wird zum Gleichnis unserer Epoche, zum Abbild unserer unseligen Nach- oder Zwischenkriegszeit», mit einem scheinbar privaten Stoff sei es gelungen, die Wohlstandskultur von 1962 zu entlarven: «Die Maske ist ihr abgerissen, die Fratze wird sichtbar.»[23] Unheilvolles in einem literarischen Werk nicht als vergangen, sondern als gegenwärtig und künftig zu akzeptieren, fällt schwer, zumal es in einer Sprache entgegenzunehmen, die nirgends Eindeutigkeit zulässt, kaum die Unterscheidung von Schuldigen und Unschuldigen erlaubt und keine Auswege angibt. Werner Weber sieht eben darin eine Qualität: «Otto F. Walter erleidet und bedenkt, indem er erzählt, die Schicksalsschwebe der Sprache zwischen Vermögen und Unvermögen. Ist die Sprache denn viel mehr als ein Staub, welcher auf das Leben niederschleiert, es zudeckt und entstellt? Vermag die Sprache das eine, einzige Antlitz des Lebens zu entbergen?» «In der Sprache ist kein Unterkommen.» Eine verhängnisvolle Nichtübereinstimmung von Sprache und Leben komme im «Tourel» zum Ausdruck, Schrecken sei das innerste Kennzeichen des Romans. Er gehöre in die Reihe der Nachfahren von Laurence Sterne, Virginia Woolf und James Joyce, deren Werke die Erzählbarkeit des Lebens widerlegten. Otto F. Walters «Misstrauen gegenüber der Erzählbarkeit des Lebens, das Misstrauen seiner Generation schliesst einen Protest ein. Den Protest gegen die schnellfertige Lüge des totalitären Jargons unserer Zeit». Damit lässt sich Tourel auch als ein Verwandter von Max Frischs «Stiller» (1959) und Uwe Johnsons Figuren sehen: «Mutmassungen über Jakob» (1959) und «Das dritte Buch über Achim» (1962)[24].

Kaum mehr erzählbar, ist das Leben auch kaum mehr zu leben. Die Figuren scheitern und treiben ab. Aber irgendwo treibt auch ihr Traum, der sie eine zeitlang am Leben hielt. Beths Traum vom Bräutigam, der zurückkehrt, vom Kind, das gross und klug werden, Kaspar heissen und alle Dinge beim Namen nennen wird; Mohns Traum von den beleuchteten Glanzschnecken, von den seltenen Exemplaren, die es nach «Schnecken deiner Heimat» in Jammers gar nicht geben kann; und schliesslich, überdeutlich,

Tourels Traum von den Bildern, die das Wirkliche an Klarheit und Wahrhaftigkeit übertreffen, sein Traum vom puritanischen, nur in seiner Kunst lebenden Photographen Tourel, der unbeirrt, ohne Rücksicht auf das kopfschüttelnde Publikum seinen Weg geht, vom Einfachen zum Schwierigen fortschreitet, vom Kiesel in niedagewesener Schärfe und Nuanciertheit zum phantastisch verschachtelten Riesenbau des Zementwerks mit all seinen Stimmungswerten und schliesslich zu einem einzelnen Arbeiter im Werkinnern, in der Tiefe der dröhnenden Drehofenhalle. Ein Traum, der schon im Keim darauf angelegt war, mit dem Wirklichen zu kollidieren, weil seine ästhetische Radikalität alle Grenzen des Normalbewusstseins sprengt. Im Augenblick, wo der biedere, gewissenhafte Berufsmensch Tourel dem Traum nachgibt, die gleichförmige Routinearbeit verlässt, um seinen «verrückten Bildern» nachzujagen (S. 127), übertritt er selber die Grenze und macht sich verdächtig, sucht sein Gesicht zu wahren und verliert es endgültig. Die Bewohner von Jammers wissen nicht, ob sie ihn für einen Spitzel oder einen Verbündeten halten sollen, obwohl ihr Ärger über den Staub, über brennende Augen und kaputte Lungen sich mit Tourels Interesse an staubfreien Aufnahmen berührt. Tourel, dem Aussenstehenden, fällt es leicht, sie anzustacheln: «Da müssen die ganz grossen Filteranlagen her, hab ich ihnen gesagt: die ganz grossen Filter, und wenn die Alte nicht investieren will, so gibts eben Streik.» (S. 28) Aber kaum entfacht, wird für Tourel der Protest zu masslos, der Streik zu gewalttätig. Er mahnt zur Vernunft und wird doppelt verdächtig. Ihm bleibt auch hier nur der Rückzug: sich aus dem Staub machen.

Was von Tourels Traum an seinem Leben hängenbleibt: die Dinge klarstellen und ein für allemal festhalten, verkehrt sich höhnisch ins Gegenteil; nicht weil Tourel unfähig wäre, sondern weil die Wirklichkeit, mit der er sich anlegte, zu diesem Gegenteil tendiert. Aufmerksame Kritiker wie Werner Weber und Walter Widmer lasen Schrekken und Anklage aus dem Roman, Schrecken über den Terror der Lüge der eine, Anklage gegen eine sich selbst täuschende Gesellschaft der andere. Die wenigen, oft wiederholten Striche, welche gesellschaftliche Wirklichkeit skizzieren, lassen auch eine noch unheilvollere Deutung zu. Tourels wachsender Gereiztheit entspricht eine wachsende Gereiztheit auf der Wir-Seite des Geredes. Auch die Leute von Jammers werden bespitzelt, auch ihre Aktionen wenden sich gegen sie selber, auch ihre Sätze widersprechen sich und brechen ab; auch sie hoffen, von der «geschäftlich aussichtsreichen Lage» zu profitieren und kommen im Staub um, hoffen sich Recht zu verschaffen und enden in der Niederlage, hoffen voranzukommen und gehen im Kreis: «Und weil jeder ein Haus will und jeder nicht hinkommt und jeder muss mehr haben, da wird der Gemeinkostensatz noch höher und wird der Zementsack teurer und muss jeder wieder mehr haben (...) und sind alle mit fünfzig ausgepunktet!» (S. 121)

In ihre Gespräche, ihre Geschäfte, in jede ihrer Stimmungen fällt regelmässig das höllische Gepolter des Kalksteingerölls vom Mahlwerktrichter der Zementfabrik her, alle zwei Minuten zerreisst es die Wohlstandsfassade ihrer Welt. Ein Memento zum Wahnsinnigwerden wie das unablässige Schleichen und Keuchen der Marder, das Schwirren der Gerüchte, die Allgegenwart argwöhnischer Blicke und der ewiggleiche Gesang der Kinder: «Machet auf das Tor, machet auf das Tor...»

«Herr Tourel» zeigt ein verändertes Verhältnis zur Wirklichkeit. Die Welt von Jammers hat ihre expansive Kraft, von der «Der Stumme» noch zehrte, verloren. Den eigenen Traum an ihre ideologisch fixierte Hoffnung zu knüpfen, wie Tourel es tut, eingeengt von kleinbürgerlichen Aufstiegswünschen nach einer «neuen Existenz an geschäftlich aussichtsreicher Lage», ist von Anfang an verfehlt, ein So-tun-als-Ob, das zwar die Befreiungsängste beschwichtigt, aber auch den Sinn der Hoffnung verleugnet. Rückhaltlos verfolgt der Roman die Konsequenz dieses inneren Widerspruchs: Statt sich zu öffnen, verengt sich der Raum des Erzählbaren, die Kraft des Möglichen gegen das Wirkliche schwindet, dessen schleichende Selbstzerstörung zersetzt schliesslich auch den Traum selber; Tourel kann ihn gerade noch durch einen ironischen Kommentar des erfundenen Albert vor der endgültigen Auflösung bewahren.

THEATERARBEIT

Windstille
«Ganz sanft hat sie mich an den Rand des Wahnsinns geschoben», beklagt sich im «Elio»[25)] der Ehemann über seine Frau; ein Satz, der Erfahrungen aus dem «Tourel» aufnimmt. Unmerklich ist eine Welt, in der scheinbar alles zum besten steht, zur brüchigen Kulisse sinnleerer Szenen geworden. Für Otto F. Walter ist es die windgeschützte Welt des katholischen Clans, des soliden Familienunternehmens, des gepflegten Umgangs mit den kulturbeflissenen Kreisen des gehobenen Kleinstadtmilieus. Tourels verzweifelt-heiter gespielte Wahrheitswut, Mohns atemloser Redestrom waren bereits deutliche Zeichen dafür, dass diese Welt keinen Halt mehr bot.
«Ich geriet in eine fundamentale Krise, ich verliess sozusagen die Sicherungen meiner Biographie, fand aber noch keine neuen Haltepunkte. Die Folgen waren schwere psychische Probleme und immer heftigere Auseinandersetzungen mit meinem Clan, der mich geradezu überwältigte sowohl in verlegerischen Angelegenheiten als auch in der unmittelbaren Lebenssituation», merkt Otto F. Walter nachträglich zu dieser Zeit an[26)]. Offensichtlich zerstörte aber die Krise nicht nur die biographischen «Sicherungen», auch die literarische Sprache, mehr und mehr zu einem Instrument geworden, im Konformen Wahnsinn aufzuspüren, drohte im Sog der kritischen Einsicht einzubrechen. «Es zerfiel mir alles in Teile, die Teile wieder in Teile, und nichts mehr liess sich mit einem Begriff um-

spannen.» Kaum zufällig vermochte eine solche Äusserung Otto F. Walter in dieser Situation zu fesseln. Er zitiert sie in der 1964 verfassten Notiz zu Hugo von Hofmannsthals «Brief des Philip Lord Chandos an Francis Bacon»[27]. Ganz beiläufig hat er den Brief in einer Buchhandlung entdeckt und betroffen aufgenommen, betroffen um so mehr, als der Text von einem Autor stammt, der ihn bisher kühl liess. «Hier, so sah ich und machte damit eine Entdeckung, die gewiss viele vor mir gemacht haben, hat einer die Erfahrung unseres Jahrhunderts – den Zerfall der bürgerlichen Ordnungen, die Unmöglichkeit jeglicher Ideologie, den Massentod, die Unzulänglichkeit unserer Sprache, die Einsamkeit –, hat sie ahnend kurz nach der Jahrhundertwende formuliert, gewiss als erster in dieser gespenstischen Überdeutlichkeit.»[28]
Aus der Angst vor dem Verlust des «umspannenden Begriffs» erklärt sich vielleicht der Wunsch, eine ganz neuartige Arbeit an die Hand zu nehmen, ein Theaterstück zu schreiben. Der Zwang zur Beschränkung auf wenige Personen, auf ein klares Handlungsgefüge, einen bühnentechnisch sinnvollen Orts- und Zeitrahmen konnte zumindest vorübergehend die fehlenden «Haltepunkte» ersetzen. Der willkommene äussere Anlass, das Vorhaben auszuführen, war ein Angebot des Zürcher Schauspielhauses. Kurt Hirschfeld ermutigte Otto F. Walter, ein Bühnenstück zu schreiben. 1962/63 entstand «Elio oder eine fröhliche Gesellschaft», anschliessend ein zweites Stück, «Die Katze»[29]. Aufgeführt wurde das erste 1965, das zweite 1967. Beide dürften inzwischen so ziemlich vergessen sein, nicht zuletzt misst ihnen der Autor selber nachträglich kein besonderes Gewicht zu: «Ich habe mich mit zwei Bühnenstücken in dieser Zeit herumgeschlagen», lautet sein ganzer Kommentar[30].
Gewiss hat er mit seinen dramatischen Arbeiten weder für sich noch für das Drama Neuland erobert. In thematischer Hinsicht bedeuten sie sogar eher einen Rückschritt. Dennoch bringen sie ihn einen entscheidenden Schritt

weiter: Sie erleichtern ihm den Abschied von einer bürgerlich geprägten Schicksalsvorstellung, von einem sich im Kreis bewegenden, individualistisch isolierten Muster der Konfliktlösung, wie es der «Tourel» bereits teilweise durchbrach bzw. ad absurdum führte.
In einer von aussen gesehen völlig entgegengesetzten Richtung streben die Hauptfiguren der beiden Stücke dasselbe Ziel an: sie wollen neu anfangen, die dürftige Zeit hinter sich lassen. Für Ella, Alberts Ehefrau in «Elio», soll ein Wort genügen, um eine glückliche Vergangenheit zurückzuholen; für den jungen Mann im zweiten Stück gibt es nur den einen Wunsch: loskommen von der Vergangenheit, die wie eine tückische Katze im Rücken eines jeden lauert.
Die Widmung auf einer alten Plattenhülle «Von Deinem Elio», zufällig entdeckt von der fröhlichen Bridge-Gesellschaft, beschwört für Ella die jugendliche Gestalt ihres Gatten, Albert/Elio, die Aufbruchstimmung des jungen Paares. Während Albert kurz nach der Hochzeit ein «fremder vernünftiger Mensch» wurde und den Übernamen Elio albern fand, hörte Ella nicht auf zu hoffen, dass es ihn irgendwo noch gebe, Elio, mit dem sie alle sieben Jahre umziehen wollte, um der Sturheit des Alltags zu entkommen. Das zufällig ausgesprochene Wort bricht den Bann der Zeit, kehrt die Dinge um und verhilft dem Wunsch zur Wirklichkeit: Ein Fremder, aus einem Gefängnis entlaufen, ist in Ellas Zimmer eingedrungen, nimmt für sie bekannte Züge an und wird unverwechselbar Elio. Leicht irritiert, aber aus verständlichen Gründen bereitwillig, nimmt der Auserwählte die angebotene Rolle an, spielt zögernd mit und bezahlt mit dem Leben: Bevor er das Haus endgültig verlassen müsste, bringt Ella ihn um, «damit er nie mehr in die Zeit zurückfallen und wie du werden müsste», erklärt sie dem fassungslosen Ehemann.
Dass Ella ihr Experiment mit Elio für gelungen hält, obwohl er tot zu ihren Füssen liegt, ergibt eine Unstimmigkeit, die für die Zuschauer schwer erträglich ist. Während

sie sich zuvor auf die Irritation einlassen mussten, das Geschehen bald als real, bald als imaginiert zu deuten, werden sie jetzt abrupt in ihr Normalbewusstsein zurückgestossen. Der Tote am Boden beweist: Ella ist nichts als wahnsinnig, die Realität nichts als real, und gerade das konnte nicht die Absicht des Stücks sein.

In einem Gespräch anlässlich der bevorstehenden Uraufführung hat sich Otto F. Walter über Schwierigkeiten geäussert, die ihm die Arbeit fürs Theater bereite. Die Beschränkung auf wenige dramatisch wirksame Handlungselemente brachte ihn offenbar rasch an den Punkt des allzu Eindeutigen, Simplen, das keine Imagination mehr zulässt. «Ich habe das Gefühl, die Figuren auf der Bühne, die stehen so verdammt real da.»[31] Diesem Trägheitsgesetz des sinnlich Unmittelbaren ist vielleicht auch der unbefriedigende Schluss zuzuschreiben. Allzu real liegt einer tot auf der Bühne, der Ellas Wunsch gemäss der Zeit enthoben werden sollte. Tot ist er wohl den Anfechtungen des Alltags entrissen, aber ebenso unerreichbar für die Fiktion Elio.

Von dieser Schwäche abgesehen gelingt dem Stück jedoch eine dichte Vergegenwärtigung der ereignislosen Zeit, in der Ellas gehobenes Hausfrauendasein abläuft. Nachdem die heiter schwätzende Teegesellschaft verschwunden ist, bleibt Ella mit ihrer Hausangestellten zurück:

Erster Akt
Die Bühne wird hell. Gleiches Bild. Links vorn neben dem Esstisch am Nähtischchen, frontal zum Publikum, Ludwinchen; sie strickt. Halbrechts hinten auf dem Sofa Ella. Sie reisst Streifen in die Zeitung. Das Reissgeräusch ist zu hören.
Ludwinchen: Eine fröhliche Gesellschaft. Wirklich.
Ella: Hast du etwas gesagt?
Ludwinchen Ja. Ich hab gesagt: eine fröhliche Gesellschaft. Finden Sie nicht?
Ella (macht weiter): Ja.

Ludwinchen: Vor allem Herr Kahler. Dann natürlich Fräulein Stefanie. Und überhaupt alle.
Ella: Ja. – Eduard ist fröhlich.
Ludwinchen: Und dann natürlich Fräulein Stefanie. Immer zu Spässen aufgelegt. Eine fröhliche Gesellschaft.
Ella: Hast du etwas gesagt?
Ludwinchen: Ja. Ich hab gesagt: Natürlich vor allem Fräulein Stefanie. Die ist immer fröhlich. Überhaupt eine fröhliche Gesellschaft. Finden Sie nicht?
Ella: Ja. (Sie macht eine Weile lang weiter. Dann:) Wieviel Uhr ist jetzt?
Ludwinchen: Zehn nach acht. (Sie gibt ihre Armbanduhrzeit an. Sie strickt.)

Diese Szene wiederholt sich fast wörtlich im Übergang zum zweiten Akt – Albert ist nach Hause gekommen, hat «Elio» mit entsicherter Pistole vertrieben und sich wieder zurückgezogen –, die Uhr zeigt diesmal zwanzig nach neun, und auch im Nachspiel reisst Ella noch immer ihre Streifen in die Zeitung, diesmal in Gegenwart des Toten:

Ella: Und wieviel Uhr ist jetzt?
Ludwinchen: Da liegt er, da liegt er, und wenn sie mich fragen, so werd ich sagen, ich weiss nichts davon, ich hab nur gesehen, – nicht wahr? – nur gesehen, er selber hat mit dem Revolver auf mich gezielt.
Ella: Ja, Ludwinchen, nur: wieviel Uhr ist jetzt?
Ludwinchen (schreit): Zwanzig nach zehn! Aber Ellakind, wie du jetzt noch von Zeit reden kannst!

Bedrückend unbeirrbar bringen diese Szenen mimisch etwas Ähnliches zum Ausdruck wie der zitierte Lord-Chandos-Satz: «Es zerfiel mir alles in Teile und die Teile wieder in Teile.» Ausgefüllt von einem tautologisch leerlaufenden Gespräch, in dem das Wort fröhlich sich höhnisch verselbständigt, zerfällt die Zeit in ihre sinnlosen Bruchstücke, läuft leer, zum Überfluss identisch mit der realen Zeit einer Theatervorstellung.

«Ich fand keine Methode, literarisch gesprochen, um die Prägungskraft gesellschaftlicher Strukturen, auch für individuelle Konflikte, darzustellen», bemerkt Otto F. Walter zur Entstehungszeit der beiden Theaterstücke[32]. Offensichtlich hat er in «Elio» versucht, die Zeit als Prägungskraft fungieren zu lassen. Die Zeit macht aus dem revoltierenden Liebhaber den phantasielosen Krämer, sie zwingt alles Lebende in ihr stures Regelmass, sie versickert, nirgends fassbar, und wirkt unterirdisch aufwühlend weiter: «Das pocht, – das sickert herein – durch die Wände herein – durch den Boden herein – das pocht, das sickert, das steigt – und steigt – strömt im Kreis herum –» (Zweiter Akt)

Nur die Kraft des Wünschens scheint der Bedrohung gewachsen. «Und wieviel Uhr ist jetzt?» Ellas erwartungsvolle Frage unterbricht das Gleichmass, «jetzt» ist das magische Wort, das den Vorhang lüftet, die Ereignisse einströmen lässt in die abgestandene Zeit; wie durch Zugluft öffnen sich Tür und Tor, Musik dringt ein, Elio, ein Fremder, ein Mörder vielleicht, die Liebe und schliesslich der Tod; selbst die Magie des Wünschens ist nicht zeitlos.

Auch im zweiten Theaterstück – es spielt wie das erste in Jammers – versucht der Autor eine überindividuelle Konfliktstruktur darzustellen. «Irgendwie» und «nicht zu fassen» wirkt das Unheil, im Verborgenen und gefrässig wie Parasiten. «Wenn Sie hierzulande ein bisschen so machen – so – hören Sie? nur ein bisschen. Gleich fängt die Fassade zu bröckeln an», verkündet ein junger Mann in der «Katze», vom Concierge eingesperrt in die Aufzugkabine eines heruntergekommenen Hotels. «Oder lassen Sie mich heraus und ich reiss hier den Fussoden auf, nur ein paar Bretter, oder ich kratze ein bisschen die Tapete los und Sie werden es sehen, werden's riechen. Würmer haben Löcher gebohrt, Käfer haben Höhlen gefressen, die Mäuse haben Gänge geschaufelt, ganze Gangsysteme. Seien Sie einmal ganz still und Sie können sie hören: fast lautlos bewegen sich krabbelnde Lebewesen dahinter,

madige Völker, nicht einmal ein Tierbuch nennt sie.» (Zweiter Akt)
Der Mann ist nach Kanada ausgewandert, weil er als Ingenieur an einem Arbeitsunfall entfernt mitschuldig war, bei dem ein Arbeiter, Vater von zwei Kindern, ums Leben kam, und er ist zurückgekommen, weil er als rechtmässiger Erbe das Hotel seines Onkels übernehmen soll; aber auch deshalb: «Weil ich manchmal denke, man müsste h i e r neu anfangen, hier, nicht irgendwo in der Wildnis.» (A.a.O.) Tourelsche Verstellungslust hat ihn bewogen, sich als Gast auszugeben, Concierge und Sekretärin auf die Probe zu stellen. Beide sind von Hass gegeneinander erfüllt. Jetzt, wo er sich zu erkennen gegeben hat, halten sie ihn für einen Betrüger, sperren ihn ein und verhören ihn. Von Kaspar Tourel könnte auch seine Erklärung stammen: «Herrgott, was solls denn! Da geh ich vor drei Jahren nach Montreal – (...), baue eine Existenz auf, endlich frei von eurem ganzen Schuld-Zirkus – (...) Alte Schuld, neue Schuld, Vaterland, Sündenbock, einer schiebt dem andern den Schwarzen Peter zu, und – (...) Und wie ich zurückkomme – (...) voller Erwartung, ja das auch, und nach drei Tagen schon: eure ganze finstere Vergangenheit holt mich wieder ein.» (A.a.O.)
Aber der junge Mann will sich nicht nochmal vertreiben lassen. Er hat in der neuen Welt gelernt, dass das Leben nicht eine Frage der Moral, sondern des Funktionierens ist. Die «schwarze Katze» mag auf der Lauer bleiben, er wird beweisen, dass sein Überlebenstrieb stärker ist als sie: «Neu anfangen, ja. Aber erst müssen wir einen Bagger haben, einen Sechstonnen-Raupen-Bagger, und damit fahren wir die Häuser und Gärten und Gräber flach, mit dem Bagger, Roth, flach, dann modellieren wir eine *neue* Gegend, aus Beton und Glas und Stahlkonstruktion, eine, die funktioniert, – und die Söhne dann, Roth, die Söhne –» (A.a.O.)
Der angeredete Concierge wartet das Ende der Vision nicht ab. Er verschwindet, schon ziemlich betrunken, der

junge Mann kann seinen Käfig verlassen. Was folgt, lässt sich nur vermuten. Roth hat offenbar seine Pistole geholt. Ob er den jungen Mann damit bedrohte, ob dieser den Alten im Affekt oder aus Notwehr oder aus blossem Missgeschick getötet hat, ist schlüssig nicht rekonstruierbar. An die Stelle der Handlung tritt im letzten Akt die – geprobte – Zeugenaussage der Sekretärin, widersprüchlich und parteilich: Die «Assel», wie ihr toter Kollege sie nannte, versucht im fiktiven Gespräch mit einem Rechtsanwalt den jungen Mann als kaltblütigen Mörder darzustellen. Gelänge es ihr, das Gericht zu überzeugen, so bliebe sie als Alleinherrscherin in dem verkommenen Hotel zurück.

Der Autor hat diesmal dafür gesorgt, dass die Personen nirgends aufdringlich real, eindeutig werden können. Schon der erste Satz des Stücks tönt wie ein Echo aus dem «Tourel»: «– hier und jetzt vor dem Gesetz, das ich vertrete, die Wahrheit und nichts als die Wahrheit zu sagen?» Der Concierge, ein ehemaliger Schauspieler, probt eine Partie aus dem Drama, an dem er schreibt, dessen Held er selber ist und das ausserdem eine alte Schuldfrage seines Lebens behandelt: als Grenzwache hat er im Krieg befehlsgemäss, aber zu unrecht, einen Mann erschossen. Das Theater im Theater setzt sich fort, als Concierge und Sekretärin dem jungen Gast die zentrale Stelle, Verhör und Freispruch, vorspielen, und es hebt sich theatralisch wieder auf, als Roth ex tempore einen neuen Schluss erfindet, in dem er sich, den Freigesprochenen, freiwillig vom Gast-Zuschauer einsperren lassen will. Statt darauf einzugehen, eröffnet dieser seinerseits, dass er nun drei Tage Theater gespielt habe, dass er eigentlich der angekündigte Erbe des Hauses sei.

Von Anfang an und immer wieder macht der Autor uns deutlich, dass hier Theater gespielt werde. Alle drei Hauptfiguren machen sich und anderen dauernd etwas vor, Ehrlichkeit, wie der junge Mann sie mitten im Stück einführen möchte, ist unter diesen Bedingungen beweispflichtig und proviziert noch mehr Theatralik. Gegenüber «Elio», wo wir nie recht wissen, ob wir die Personen für real halten oder als Verkörperungen eines Wunschbildes auffassen sollen, ist in der «Katze» die dramatische Methode gekonnt weiterentwickelt. Wir merken rasch, dass wir die Personen ernst nehmen müssen: weil sie lügen.

Trotz einer gelungenen Uraufführung in Zürich ist das Stück schlecht angekommen. Elisabeth Brock-Sulzer hat in einer kurzen Einführung dieses Urteil zu korrigieren versucht. Sie attestiert Otto F. Walter, dass er die Mittel des Theaters beherrsche. «Nun ergibt sich aber eine seltsame Reaktion bei vielen Zuhörern: sie bezweifeln gerade diese ‹Theatralik› des Stücks. Sie vermissen den eigentlichen Dialog, sprechen von rein monologischer Führung, behaupten, es geschehe überhaupt nichts. Bezweifeln auch, ob das Stück überhaupt ‹Sprache› habe. Es ist Walters Pech, dass er der Kritik sehr schnell Argumente gegen sein Werk liefert, einäugige, vordergründige Argumente, die doch an seiner Sache vorbeigehen. Denn diese Monologe sind immer gezielt, auf ein Gegenüber gezielt.»[33]

Zu ergänzen wäre, dass trotz dialogischer Anstrengung in beiden Stücken Kommunikation bewusst verhindert wird, im «Elio» durch das suggestive Element, in der «Katze» durch Täuschung und Lüge; um so deutlicher wird sie dafür zum Spiel. Es ist sogar vorstellbar, dass Otto F. Walter aus Dialogen, wie Ella und die Hausangestellte sie führen, oder aus Monologen, wie die Sekretärin sie probt, eine eigene dramatische Methode der Nichtkommunikation erarbeitet hätte. Seine weitere Entwicklung lässt aber die Theaterarbeit eher als Phänomen einer Orientierungskrise erscheinen, deshalb ist ebenso aufschlussreich, was darin *nicht* bewältigt wurde.

Nicht bewältigt ist in beiden Stücken die katastrophale Wendung, beide Male endet der Versuch, neu anzufangen, mit einem – unfreiwilligen – Mord, beide Male fällt ex machina ein Schuss, der die Handlung zum Stillstand bringt. Zum Stillstand kommt dadurch auch die tourelsch unstete Bewegung der Hauptfigur, als hätte der Autor ihr, je mit einer Leiche, endgültig den Ausweg einsamer Selbsterlösung versperren wollen. Weder die Flucht nach vorn noch das magisch erfüllte Jetzt durchbrechen die gespenstische Stille des bürgerlichen Interieurs, in dem die Zeit sinnlos verrinnt und hinter dessen Putz die Wände faulen.

II DAS ALTE, DAS NEUE UND DAS MÖGLICHE

VERLAGSARBEIT

Clan und Avantgarde
Parallel zur schriftstellerischen Tätigkeit entfaltet Otto F. Walter ein erfolgreiches Verlagsprogramm. Nach einer Buchhändlerlehre in Zürich, einem Druckereivolontariat in Köln und einigen Jahren Tätigkeit als Sekretär und Lektor bei Jacob Hegner in Olten übernimmt er 1956 die Leitung des literarischen Programms im Walter Verlag in Olten/Freiburg i.Br. Alsbald entstehen auch seine ersten Erzählungen, fast erwartungsgemäss setzt er mit dieser Doppelfunktion das Erbe des verstorbenen Vaters fort. Auch dieser war Verleger und Schriftsteller. Hinsichtlich der Motive und Ziele aber ist die Zäsur in beiden Tätigkeitsbereichen von Anfang an da: So wenig wie der künftige Autor des «Stummen» als Verfasser einer Papstbiographie oder eines patriotischen Lesebuchtextes in Frage käme, so wenig wird er das katholisch-konservative Verlagsimage weiterpflegen. Bereits die ersten Kontakte mit Autoren zeigen, dass sein Interesse in Richtung einer inhaltlich und formal vom Traditionellen abweichenden, einer rebellischen, experimentfreudigen Literatur geht. Er holt Alfred Andersch zum Verlag, Wolfdietrich Schnurre, Helmut Heissenbüttel, Gabriele Wohmann.
Der durchaus nicht verlegerfreundliche Schnurre schildert seine erste Begegnung mit Otto F. Walter als Überraschung: Im vereinbarten Hotel in Stuttgart sitzt zur abgesprochenen Zeit kein bestandener Unternehmer, sondern nur «ein blasser Knabe mit einer pieksig-blonden Igelfrisur. Ich fragte den Knaben, ob er hier jemand gesehen habe, den man notfalls als Verleger hätte verdächtigen können. Der Knabe fragte, wie dieser Verleger denn heissen sollte. Ich sagte, Otto F. Walter. Der Knabe sagte, das sei er selber.

Mein Erstaunen war gross. Es wuchs als der Knabe von seinen Plänen zu sprechen begann. In dem Knaben steckte nämlich ein literarisch ungemein versierter, faszinierend ehrgeiziger junger Mann. Er sagte, sie seien ein katholischer Verlag. Ich sagte, ich hielte mich für einen Atheisten. Er sagte, das passe gut, sie wollten ihr konfessionelles Korsett nämlich sprengen. Ich sagte, ich hätte eigentlich nicht so sehr vorgehabt, Korsetts zu sprengen, als vielmehr in Ruhe ein paar Geschichten zu schreiben. Er sagte: ‹Schreiben Sie in Ruhe für uns›»[34)].

Die Zeit für Öffnung, Vielfalt, Neuanfänge ist auch im Schweizer Verlagswesen günstiger als in den ersten Nachkriegsjahren, obwohl zunächst eher die Klassiker als die zeitgenössische Avantgarde in die Programme aufgenommen werden. So entsteht die «Manesse Bibliothek der Weltliteratur», bei Artemis die «Bibliothek der Alten Welt». Otto F. Walter dagegen ist entschlossen, seinen Verlag zu einem Forum des Neuen zu machen, auch seine Werkausgaben von «Klassikern» bewegen sich deshalb im Bereich der Moderne: Sherwood Anderson, Isaak Babel, Alfred Döblin, Mendele Moicher Sfurim, Edgar Allan Poe. Der Erfolg gibt dem riskanten Unternehmen recht. In wenigen Jahren zählt das Programm des Walter Verlages im deutschen Sprachraum zu den meistbeachteten Literaturprogrammen.

Dass interne Widerstände im Verlag dabei unausgesprochen spürbar werden, ist zunächst eine willkommene Herausforderung. Otto F. Walter braucht, wie er selber sagt, die «gesunde Spannung» zwischen beruflicher Abhängigkeit und künstlerischer Freiheit. Bald aber werden aus der Spannung Konflikte und aus Konflikten unversöhnliche Widersprüche. Literarische Qualität, für den jungen Autor selbstverständlich nicht im Bereich der beruhigten Mitte, sondern im Gebiet der Ränder zu suchen, der ausbrecherischen Elemente, wird unvermutet zum Politikum. Der Spielraum für Neues ist beschränkt, seine Grenzen sind kein beliebiges «Korsett», es sind klare Machtverhältnisse, in diesem Fall verkörpert durch Verlagsdirektion und Besitzerclan.

Wäre Otto F. Walter nur der literarisch interessierte Verleger gewesen, hätte er sich vielleicht eher gewisse Abstriche an seinem Programm gefallen lassen, hätte sein wachsendes politisches Engagement leichter ausgrenzen und in separaten Aktionen befriedigen können. So aber ist er, als selbst Schreibender, von der zunehmend restriktiven Grundhaltung seiner Brotgeber auch persönlich betroffen: Die Ablehnung, die man «seinen» Autoren entgegenbringt, muss er auch auf sich beziehen. Zudem gerät er durch seine bevorstehende Scheidung auch familiär in eine doppelte Aussenseiterposition. Für die Walter-Dynastie ist er sowohl als verlagspolitisch ausscherender Mitbesitzer wie als gescheiterter Ehemann ein Skandal.

Trotz dieser potenzierten Konfliktlage bleiben die Widersprüche über Jahre verdeckt. Der «Berg von Watte» – ein Ausdruck Max Frischs, der Otto F. Walter für diese Zeit passend scheint –, das lähmende Klima der Windstille, an dem die Figuren in «Elio» und in der «Katze» scheitern, macht sich breit. Der Ausscherende selber scheint bemüht, den Frieden zu wahren, erstaunlich lange Zeit fügt er sich den geltenden Spielregeln: «Ich habe zunächst einmal das ganze Programm, das da angelegt war, absolviert... bis hin zum Offizier, zum Prokuristen, zum Verlagsleiter.»[35]

Erst die betont avantgardistische Serie der «Walter-Drukke», die Otto F. Walter ab 1964 mit Helmut Heissenbüttel herausgibt, macht den Bruch unvermeidlich. Hans Carl Artmann: «Das suchen nach nach dem gestrigen tag» und Peter Bichsels Erstling: «Eigentlich möchte Frau Blum den Milchmann kennenlernen» eröffnet die Reihe, Ernst Jandls «laut und luise» setzen ihr vorerst ein Ende (sie wird unter anderer Leitung 1968–1970 fortgesetzt). Der Anlass, an dem sich die Auseinandersetzung entzündet, ist Jandls spielerische Variation des ersten Genesis-Verses «im Anfang war das Wort». Im Urteil der mitverantwortlichen

Verleger ist das eine untragbare Verhunzung; Ende 1966 wird Otto F. Walter fristlos entlassen.
Nachträglich beurteilt er den Schlag auch als Chance. «Ich hing für einen Augenblick zwar in der Luft, wurde so aber gezwungen, aus dieser elterlichen Welt endlich auszusteigen und in die Bundesrepublik zu gehen.» Er wird 1967 Mitverleger von Eduard Reifferscheid, 1969 Verleger und Geschäftsführer der literarisch-soziologischen Abteilung des Luchterhand Verlags. Die deutschsprachigen Autoren solidarisieren sich mit dem Vertriebenen, die meisten von ihnen lassen ihre Werke teils bis heute bei Luchterhand erscheinen.
Interessant an diesem Skandal sind zwei Umstände: Er zeigt beispielhaft, wie Politisierung auf der einen, Zerfall von Liberalität auf der anderen Seite einhergehen können, und er macht deutlich, wie empfindlich seitens der Etablierten die zunehmende kritische Anteilnahme vieler Literaturschaffender am politischen Geschehen registriert wurde; so dass auch eine inhaltlich und formal höchstens oppositionelle, keineswegs revolutionäre Literatur als politischer Fundamentalangriff aufgefasst wurde. Ein Buch wie «laut und luise» enthielt bereits ein inakzeptables Mass an Regelverletzung.
Am Anfang seiner Tätigkeit im Walter Verlag wusste Otto F. Walter lediglich, wovon er wegwollte. Weg vom Geist seiner katholischen Erziehung, die er in drei Jahren Klosterschule als Hölle und Gefängnis erlebt hatte, heraus aus dem konfessionellen Korsett, das seiner Meinung nach ausgedient hatte, weg vom bürgerlichen Literaturkanon. Was ihn dabei leitete, waren zunächst nicht bewusst politische Motive, sondern das Gespür dafür, dass im Kulturbereich, speziell nach den ideologisch verkrampften Jahren des Kalten Krieges, ein grosser Nachholbedarf bestand für das Unbotmässige und Masslose, für genau das, was er an Vorliebe aus seiner Jugend herübergerettet hatte, für die «besessenen, vitalen, geschlagenen Schriftsteller des Protests»[36]. Andersch, Vittorini, Schnurre vermochten

ihn wohl nicht zuletzt durch ihre Biographie zu überzeugen. Schnurres Karriere als Schüler antinazistischer Lehrer, «defätistischer» deutscher Soldat, desertierter Militärsträfling und Dorn im Auge eines sowjetischen Kulturoffiziers war in dieser Hinsicht exemplarisch.
Wie die politischen Implikationen seiner literarischen Vorlieben dem Autor erst allmählich bewusst wurden, so sah er auch seine Teilnahme an öffentlichen Auseinandersetzungen anfangs nicht im Rahmen eines bestimmten politischen Programms. Es gab, seiner eigenen Formulierung nach, lediglich «ein Wahrnehmen von öffentlichen gesellschaftspolitischen Vorgängen, wo ich im Zweifel mich denn doch immer auf der Seite der Angegriffenen, der Abhängigen wiederfand»[37]. So beteiligte er sich Ende der fünfziger Jahre an der Debatte über eine mögliche Atombewaffnung der Schweizer Armee. Zusammen mit Karl Barth, Max Bill, Friedrich Dürrenmatt, Kurt Marti und anderen bestritt er eine erste öffentliche Aktion und unterschrieb ein Flugblatt. Er engagierte sich gegen den Algerienkrieg und publizierte mit anderen zusammen Solidaritätsaufrufe für bedrängte französische Autoren. «Aber das alles blieb im Rahmen verbaler Überbau-Aktionen.»[37]

Kritik des Bestehenden
Dass Otto F. Walter sich scheut, nachträglich eine klare Beziehung festzustellen zwischen solchen Aktionen, seiner Schreibtätigkeit und seiner Verlagsarbeit, ist nicht nur Vorsicht einem vergangenen Lebensabschnitt gegenüber. Es entspricht wohl auch einem Grundzug seiner Literaturauffassung, der Mitte der sechziger Jahre bereits deutlich hervortrat; einem Moment der Abwehr vorschneller Politisierungsversuche und -ansprüche, das er über alle kulturrevolutionären Debatten hinweg verteidigt hat.
Anfangs 1966, im Jahr seiner Entlassung – es ist insgesamt ein literarisch bewegtes Jahr, das Jahr des Zürcher Literaturstreits, den Emil Staiger mit seiner Schmährede auf die

zeitgenössische Literatur entfachte, und es ist das Jahr, in dem der noch unbekannte Peter Handke an der Tagung der Gruppe 47 in Princeton sich berühmt macht durch seine Polemik gegen Engagement-Forderungen und Beschreibungs-Realismus – nimmt er erstmals öffentlich Stellung zur Frage der politischen Funktion von Literatur. Max Frisch hat für die zehnte Nummer der Zeitschrift «Neutralität» einen Aufsatz zum Thema «Unbewältigte schweizerische Vergangenheit?» verfasst. Er stellt darin fest, die neuere Schweizer Literatur bemühe sich nicht darum, schweizerisches Verhalten in den Jahren 1933 bis 1945 darzustellen; namentlich die jüngere Literatengeneration, in Deutschland vertreten durch Walser, Johnson, Grass, Enzensberger, Kluge, sei in der Schweiz fast ausnahmslos apolitisch oder bloss «abstraktpolitisch». Otto F. Walter nimmt den Anstoss auf und provoziert damit eine Serie weiterer Stellungnahmen: J. R. von Salis, Peter Bichsel, Adolf Muschg und Walter Matthias Diggelmann äussern sich, die ganze Auseinandersetzung erscheint in der Weltwoche und erhält dadurch beachtliche Publizität.
Otto F. Walter reagiert herausgefordert: «Lese ich einen auf Literatur bezogenen Titel ‹Unbewältigte schweizerische Vergangenheit?›, so werde ich vorerst rebellisch gestimmt. Ich wittere ein Soll. Verlangt hier jemand indirekt mir als Schreiber eine moralische oder politische Leistung ab, im Namen zwar vielleicht nicht des christlichen Abendlandes, des Sozialismus, des Kapitalismus, aber möglicherweise immerhin im Namen einer Instanz, die ich, vielleicht zufällig, als Instanz nicht begreife? Ich fürchte den alten, aus seiner Zeit verstehbaren Ruf Sartres nach dem direkten politischen Engagement der Literatur, der viel gut gemeinte und viel gute politische Aktivität der Schriftsteller und wenig Literatur provoziert hat.»[38]
Ebenso skeptisch reagiert er auf die Frage nach der Wirkungsmöglichkeit. Die Schriftstellergeneration, der er selber angehört, hat mit dem Glauben an die Nationen auch den Glauben an die direkte Veränderungskraft der

Litertur verloren. Eher als zu Hoffnungen neigt er zum Verdacht, «Literatur sei ihrem Wesen nach ohne jede verändernde Wirkung»[38]. Diese rigorose Selbstreduktion – sie scheint Literatur in den Bereich des L'art pour l'art zu verbannen – benutzt er aber nur, um äussere Ansprüche erst einmal abzuwehren und um so nachdrücklicher ein «Soll» in den Schaffensprozess selber zu verlegen: «Ich schreibe, indem ich mich der Faszination eines Worts, eines Bildes überlasse und dann versuche, die zur Gestaltung dessen, was die Faszination auslöst, tauglichste Methode zu finden, gefördert von der Hoffnung, diesem Ding, das da entsteht, ein Stück Leben zu geben und diesem Stück Leben ein Stück Erkenntnis abzugewinnen.»[38]

In seiner Erklärung versucht Otto F. Walter, Äusseres und Inneres zusammenzubringen in einer dialektischen Bewegung, die, ausgehend vom Berührtsein durch Vorhandenes (Wort, Bild), über subjektive Vermittlung zurückführt in den Bereich eines vom Subjekt abgelösten «Lebens». Das so entstandene Stück Leben bleibt aber nicht selbstzweckhaft in sich abgeschlossen. Der Ausdruck «Erkenntnis» bindet es vielmehr zurück an ein subjektives Moment, einen Wahrheitsanspruch, vor dem es wiederum zum blossen Mittel wird. Der Zweck dieses Mittels ist gesellschaftlich bestimmt: «Ich nehme an, der Schaffensprozess hat gerade damit zu tun, dass Komplexe und Fragen, die von der Gesellschaft aus ihrem Bewusstsein verdrängt und in den Bereich des Schweigens abgeschoben werden, im – zugegeben besten Fall – exemplarisch in uns ausgetragen werden müssten, bis sie in der Gestalt des Geschriebenen an die Öffentlichkeit zurückgegeben werden können.»[38]

Schreiben ist so zwar ein kreatives Spiel, indem es etwas erzeugt, was zuvor nicht gegeben war, aber es ist ebensosehr geleitet von der Hoffnung, damit etwas hervorzuholen und wiederherzustellen, was gesellschaftlichen Zwängen zufolge unterging.

Mit dieser gesellschaftlichen Bestimmung von Literatur ist

Otto F. Walter Max Frisch wieder nähergekommen. Der rebellische Anflug gegenüber dem Älteren entspringt nicht einer gegensätzlichen Auffassung, lediglich einer Differenz in der Bestimmung des Politischen. Auch Frisch meint mit der Forderung, die Schweiz müsste Gegenstand der Literatur werden, keinen bloss dokumentierenden politischen Realismus, sondern wohl eher die sprachlich gestaltende Aufarbeitung dessen, was als Bild der Schweiz offiziell nicht erwünscht, nicht zugelassen, nicht bewusst ist. Für Otto F. Walter bedeutet die Beschränkung auf den Gegenstand Schweiz offensichtlich eine Priorität des Inhaltlichen, die gerade verhindert, dass Literatur – wenn überhaupt – politisch verändernd wirken könnte. Engagement, kritisches Bewusstsein, das sich seinen Gegenstand vornimmt oder lediglich zu ihm hinzukommt, nach dem Rezept «verpack es in eine Geschichte», wie Peter Bichsel es in seiner Replik ausdrückt[39], wirkt entgegen seiner Absicht bestätigend, kommt nicht über das Gegebene hinaus. Kritik muss sich zugleich mit der sprachlichen Gestalt ihres Gegenstands konstituieren. Politisch, so wäre Otto F. Walters These zu interpretieren, ist Literatur nicht als Parteinahme für oder gegen bestimmte historische Zustände und Ereignisse, sondern in dem umfassenden Sinn einer Kritik des Bestehenden, die Satz für Satz wie der lügende Tourel, der stammelnde Mohn, wie Frau Blum, die «eigentlich» etwas möchte, die Konvention der Sinnfassaden aufkündigt. Aus dieser Sicht sind Joyce, Beckett und Kafka, nicht Sartre bedeutende politische Schriftsteller. «Literatur von Rang heute stellt ihrem Wesen nach das, was ist, mit jedem Satz in Frage. Sie *ist* Kritik. Insofern ist sie politisch. Je stärker ihre sprachliche Qualität, je grösser ihr stilistisches Kaliber, umso mehr.»[40]
«Das ist eine Behauptung, ich weiss», sagt Otto F. Walter gleich anschliessend über seine kühne Koppelung der sprachlichen mit politischer Qualität. Nicht wissen kann er zu diesem Zeitpunkt, wie deutlich sich wenige Monate später in der Auseinandersetzung mit dem Verlag sein

Urteil bestätigen wird. Die politische Fehde wird sich ausgerechnet an Gedichten entzünden, die, unbekümmert um Wirkung und Realitätsbezug des Gegenstands, sich scheinbar nur ihrem eigenen Formgesetz überlassen.

Die nähere Betrachtung zeigt also, dass die Scheu, politisches Engagement einerseits, Verlagsarbeit und Schreiben andrerseits in direkten Zusammenhang zu setzen, nicht einem Widerspruch aus dem Weg geht. Die Abgrenzung dient vielmehr dem Versuch, Literatur jenseits von Tendenz und Parteilichkeit in einem umfassenden Sinn gesellschaftlich-politisch zu bestimmen. Dass diese Auffassung weit schwieriger zu verteidigen ist als die Forderung nach direkter politischer Thematik oder aber totaler Ablösung des Poetischen vom Realen, liegt auf der Hand. Sie scheint mit beidem zu liebäugeln und ist doch alles andere als eine gemässigte mittlere Position. Nicht nur Kollegen, Kritiker, Leserinnen und Leser, Genossen und Genossinnen werden sie immer wieder zum Anlass für Kontroversen nehmen und Otto F. Walter damit in Konflikt bringen, auch politische Veränderungen, eigene Entwicklung werden ihm keine Ruhe lassen. Trotzdem hält er, von Modifikationen abgesehen, an ihr fest. Noch 1984 äussert er in einem Realismus-Streitgespräch mit Niklaus Meienberg den Satz: Ein Roman «ist gerade nicht ‹realistische› Widerspiegelung. Er zielt immer wieder darauf, unbewusste Phänomene, individuelle, auch gesellschaftliche in ästhetische zu verwandeln, wodurch sie erfahrbar, auch erkennbar werden. Sein Stoff ist subjektive Erfahrung. Gedächtnis, Erinnerung, ist aber auch Imagination, ist Entwurf der Phantasie. Er zielt auf Autonomie, auf eine künstlich hergestellte Wirklichkeit, die so stilisiert, so verdichtet ist, dass sich daraus etwas ablesen lässt, was über das Vereinzelte hinausgeht ins Allgemeinere.»[41]

Szenenwechsel: Kulturrevolution
«L'art est mort, ne consommez pas son cadavre.» Der Angriff der jungen Revolutionäre auf den Kulturbetrieb

und seine Güter ist hart vor allem für jene, die in Kunst und Literatur den Inbegriff von Revolte oder gar Systemüberwindung sahen. Für Otto F. Walter ist der Einstieg bei Luchterhand gleich zu Beginn fast ebenso konfliktbeladen wie der Abgang zu Hause. Nur dass die Konflikte mit umgekehrtem Vorzeichen auf ihn zukommen. Was er zuvor als Avantgarde gegen die etablierten Bewahrer verteidigte, wird jetzt, auf dem Höhepunkt der Studentenbewegung, zum vorneherein totgesagt. Kunst, so heisst die neue Lehre, der Bereich, in dem die Phantasie ihre scheinhaften Siege feiert, ist im Spätkapitalismus zu einer Funktion des Kapitals geworden. Statt die Wünsche vor dem Zugriff der Realität zu bewahren, bewahrt sie umgekehrt die Realität vor dem Ausbruch der Wünsche[42].

Immerhin gibt es noch Forderungen an die Totgesagte. Statt die Mauern ihres Gettos mit Illusionen zu schmücken, statt an ihrer eignen Zerrissenheit zu verzweifeln, soll die Kunst auf die Strasse gehen, soll die Phantasie den Kampf um die Macht real aufnehmen. «Jagen wir die gemalten Wünsche aus den Museen hinaus auf die Strasse. Holen wir die geschriebenen Träume von den brechenden Bücherborden der Bibliotheken herunter und drücken wir ihnen einen Stein in die Hand. An ihrer Fähigkeit, sich zu wehren, wird sich zeigen, welche von ihnen in der neuen Gesellschaft zu brauchen sind und welche verstauben müssen.»[43]

Die Gesten sind radikal, die Metaphern dagegen scheinen nach Vermittlung zu suchen. Fast entsteht der Eindruck, dass auch die Kulturrevolution, wie frühere Revolutionen, nach dem Motto «die Kunst ist tot, es lebe die Kunst» verfahren möchte. Jedoch ist nicht zu übersehen, dass die Graffiti in Paris und Berlin der Kunst, der sie, wie die oben zitierte Warnung, den Todesstoss versetzen, eines zumindest voraushaben: ihre direkt politische Wirkung. Sie stehen auf Wänden, an denen sie nichts zu suchen haben, nicht auf Papier und nicht in Museen; ihre Entstehung ist selber eine politische Aktion, nicht bloss symbolisch, sondern wirklich; die Tabus, die sie verletzen, wenn sie zum Beispiel Staatseigentum beschädigen, sind nicht privat, sondern gesellschaftlich; die euphorisch ansteckende Stimmung, die von solchen Aktionen ausgeht, weist mit Nachdruck darauf hin, dass *ihre* Ästhetik mit Lust, mit Sinnlichkeit zu tun habe. Die Revolution, scheint es, kann ein Fest werden, mag sich die Kunst unterdessen in Askese verzehren. Nur eines kann und will die Kulturrevolution im Augenblick nicht wissen: dass ihre Stärke auch ihre Schwäche ist, dass der Ausbruch des Irrationalen rational werden müsste, um in die Logik der Macht einzugreifen.

Die neue Forderung an Literatur und Kunst, endlich praktisch zu werden, die entfremdete Wirklichkeit in exemplarischen Revolteaktionen Stück für Stück abzutragen, ist nicht das einzige neue Soll, mit dem Otto F. Walter in Berlin zu tun bekommt. Kollegen im Verlag, die sich am klassischen Marxismus Georg Lukács' orientieren – Luchterhand verlegt Lukacs mit seinen Weltrechten –, sehen die Aufgabe der Kunst eher in der propagandistischen Richtung des sozialistischen Realismus, die Theoretiker der Kritischen Theorie wiederum, H. Marcuse, Adorno, Habermas, die Otto F. Walter in dieser Zeit ebenfalls kennenlernt, bekämpfen ebendiese Version des Marxismus.

Wie in der Debatte mit Max Frisch reagiert er auch hier zunächst generell mit Abwehr, obwohl ihn die kreative Ungebärdigkeit der jungen Kulturrevolution und der Kampf der Theorien faszinieren. Wirklich treffen müssen ihn wohl am ehesten Vorwürfe, wie Karl Markus Michel und Enzensberger sie formulieren, weil sie nicht pauschal verwerfen, sondern sehr genau die Position im Auge haben, die für ihn in den vergangenen Jahren am meisten Überzeugungskraft gewonnen hat. Enzensbergers Aufsatz «Gemeinplätze, die Neueste Literatur betreffend» macht geltend, die Literatur befinde sich seit wenigstens hundert Jahren in permanenter Agonie, verstehe es aber sehr wohl, sich diese Krise zur Existenzgrundlage zu machen.

So bedeuteten die Programme des Bruchs mit den konventionellen Schreibmethoden inklusive Surrealismus längst keine gesellschaftliche Herausforderung mehr. Vielmehr verlange die sich stabilisierende westdeutsche Gesellschaft geradezu nach künstlerischer Avantgarde und literarischer Kritik: um ihre politische Regression zu kaschieren[44]. Und Karl Markus Michel fragt, wozu denn die Destruktion der Sprache tauge, die nach Heissenbüttel und Vormweg zugleich Destruktion von Herrschaftsformen sei, «wenn sie an der Welt nichts ändert, sie nicht einmal zu deuten erlaubt, sondern nur die Möglichkeit schafft, die Welt im Zitat zu verdoppeln»[45]. Solcher Protest, so radikal er sich gebe, genüge sich selbst, bleibe Privatangelegenheit, obwohl die Feuilletonseiten ihm offenstünden.

Vermutlich haben all diese Angriffe, wie schon die politische Fehde im eigenen Verlag, auf Otto F. Walter stimulierend und sogar bestätigend gewirkt. Beides, der Unmut der Kulturhüter wie die Ungeduld der Revolutionäre, scheint ihn bestärkt zu haben in der Überzeugung, dass an Literatur etwas dran sei. Obwohl er keineswegs aus politischem Interesse zu schreiben begann, obwohl er im Gefecht der Theorien eher auf Distanz geht als Partei ergreift, festigt sich in ihm die Einsicht, dass der literarische Umgang mit Sprache, auch wenn er nie unmittelbar praktisch werden könne, doch alles andere als gesellschaftlich irrelevant sei. Das, was ist, mit jedem Satz in Frage zu stellen, schreibend das Bestehende zu widerlegen, um ins Feld des Möglichen zu gelangen, dessen, was sein könnte, sein müsste, ist für ihn nun sehr bewusst ein hochpolitisches Geschäft.

«DIE ERSTEN UNRUHEN»

Unbehagen in der ersten Person Plural
Weggehen, wiederkommen und alles mit neuen Augen ansehen, das Bewegungsmuster des «Tourel» und des jun-

gen Mannes in der «Katze», hat Otto F. Walter inzwischen selber nachvollzogen. Ende 1973 zieht er in die Schweiz zurück, in die Gegend zwischen Olten und Solothurn, die Arbeit für Luchterhand wird er reduziert fortsetzen. Im selben Herbst erscheint das Buch, das gute fünf Jahre Entstehungszeit beansprucht hat, «Die ersten Unruhen»[46]. Der Ort der früheren Handlungen ist darin kaum wiederzuerkennen:

In Jammers wird Feuer gelegt, wird vergewaltigt, Mädchenleichen, überdeckt mit Bisswunden, faulen in Kellern, Väter bringen ihre Familien um und sich selber, geraubt wird und geplündert, ein Kind schlägt ein anderes tot. Aber in Jammers geht es uns gut, die Tantiemen steigen, die Wohnblocks schiessen aus dem Boden, die Verwaltungshochhäuser der City sind weithin sichtbar, auch landschaftlich ist Jammers grossartig. Unerklärlich, wie hier Unruhe entstehen konnte. Mitten in der ältesten Demokratie der Welt, auf den Überresten einer keltischen Siedlung, eines römischen Kastrums und den Grundfesten einer mittelalterlichen Stadt, abgesichert gegen den Feind von innen und aussen, droht der Bürgerkrieg.

Jammers steht vor den Wahlen. Der Parolenkampf nimmt seinen Lauf. Liberal- und Christdemokraten wetteifern um die Gunst der Wähler, vielleicht haben diesmal die Sozialdemokraten eine Chance. Arbeitslosigkeit ist in Sicht, die Unternehmer entlassen nur Einheimische, um die Wut der Arbeiter auf die Fremden zu lenken. So ist diesmal nicht alles wie sonst. Lähmende Gefühle machen sich breit, Zeitungsnotizen geben der Bedrohung Kontur: die Zahl der «Flicker», Rätoromanen, die weit über ein Jahrhundert in Jammers ansässig, aber immer noch nicht vollständig assimiliert sind, ist auf zehntausend angestiegen, gegen die fünfundzwanzigtausend Jammerser ein beträchtlicher Anteil. Und das Erschreckende: jährlich nehmen sie um doppelt soviele zu wie die einheimische Bevölkerung. Wen soll es wundern, dass Gewaltverbrechen und Schlägereien überhandnehmen.

Bleiernes Schweigen also über der Stadt zu Zeiten, wo sie sonst hektisch belebt war. Niemand weiss, was vor sich geht, bis es zehn Tage vor den Wahlen unvermutet zu Ausschreitungen und Polizeieinsätzen kommt, die Jammers in Kriegszustand versetzen. Das Stadthaus wird von bisher niegesehenen Truppen besetzt – sind es eigene oder Einheiten einer fremden Macht? – Schützenpanzer sperren Hauptstrasse und Brücken. Trotz dieser Sicherheitsmassnahmen geht in der Nacht zum Wahltag der Kampf los, ein Handgemenge zwischen Flickern und Einheimischen, ein erster Schuss, und der Tumult erfasst die ganze Innenstadt. Die angegriffenen Rätoromanen verbarrikadieren sich, die Polizei muss sich zurückziehen, ein Panzerregiment der Armee stellt notdürftig die Ordnung wieder her. Über hundert Tote sind zu beklagen. Die Sozialdemokraten haben im Stadtparlament sechzehn von dreissig Sitzen erobert.

So wenigstens könnten Leserinnen, Leser sich die Ereignisse zusammenreimen. «Die ersten Unruhen» sind ein «Konzept», wie der Untertitel sagt, und das vorangestellte Motto, ein Satz von Tinguely, suggeriert, dass das Aufnehmen und Weiterbewegen des Geschriebenen dem Konzept erst zur Realisierung verhelfe: «Das Wichtigste bei meinen Dingen ist die Partizipation des Betrachters, der sie erst in Bewegung versetzt.» Aber Konzept ist viel gesagt für einen Text, der das Unvereinbare so zusammenzwingt, dass es gerade *nicht* spielen kann, den Alptraum neben die Gemeindeordnung, die Bluttat neben die Rechenaufgabe für Viertklässler. Der Betrachter könnte überfordert sein, die Schrottstücke lassen sich hier schwerlich zu einem selbstgenügsamen Spiel bewegen. Wenn ein Teil sinnvoll gefügt ist, bringt ein anderer ihn zum Einsturz, und ein dritter schiebt sie beide beiseite.

Jede konstruktive Absicht, scheint es, muss fehlschlagen, die Welt ist ein Schutthaufen, das Bewusstsein blosser Reflex chaotischer Zufälle, Schreiben eine Tätigkeit, die diesen Zustand in seiner hoffnungslosen Eigendynamik fest-

hält. Auch fehlt eine durchgestaltete Figur, die sich zur Identifikation anböte oder an der sich zuverlässig ablesen liesse, was die Ereignisse anrichten. Das einzige kenntliche Individuum heisst Barbara Ferro, ihrer Länge und ihres Aussehens wegen Barba Frankenstein genannt, mehr ein Monstrum oder ein Monument als ein Mensch, ein Relikt jedenfalls aus einer Zeit der «prächtigen Originale», da jeder jeden kannte. Ihr Schicksal wird zu ihren Lebzeiten schon in den Bereich der Sage gerückt. Sie könnte die junge Dame gewesen sein, die vor vierzig Jahren per Motorrad in die Stadt kam und an der teuersten Ecke ein Ladenlokal erstand; sie könnte auch die Zarentochter oder Gattin eines Porzellanmillionärs gewesen sein, die eines Tages zwölfspännig ankam und sich niederliess, oder die Leiche einer Unbekannten, welche Pontoniere aus der Aare fischten und mit Schnaps wiederbelebten. Sogar mit jener fast zwei Meter langen «zersägten Jungfrau» könnte sie übereinstimmen, die sich unvermutet weigerte, zersägt zu werden, ihren Meister vor aller Augen ins Gesicht schlug und unter seinem zornigen Geschrei – «du Subjekt! du Subjekt!» – entschwand; um später, «ein lebendes Wahrzeichen und Denkmal» des Jammerser Unabhängigkeitswillens, als angesehene Mitbürgerin wieder aufzutauchen (S. 154). So wie ihre Identität launenhaft montiert wird, so gibt auch ihr Ende nur bedingt und ohne Gewähr einen Hinweis auf Sinnzusammenhänge: Barbara Frankenstein wird auf dem Höhepunkt der Bürgerkämpfe vor ihrem Laden durch Kopfschuss getötet.
Kein individuelles Subjekt also, keine durchgehende Figur kommt dem «Betrachter» entgegen. Um überhaupt in den Text hineinzugelangen, dem Konzept gemäss tätig zu werden, muss er sich darauf einlassen, «wir» zu sagen. Begeistert «wir» sagen, weil bei uns «tatsächlich die Zukunft begonnen hat», aus dem verschlafenen Flecken eine City erstanden ist, beruhigt, weil wir «vorgesehen», einkalkuliert, «bestätigt» werden und schliesslich «alle vor dem Gesetz gleich sind»; empört, dass «hier nicht durchgegrif-

fen» werde, und wer denn hier die Steuerzahler seien, hasserfüllt gegen die verdammte «Flickersaubande»: «Jetzt machen wir Ordnung. Verrecken sollen sie, jetzt reicht's. Zusammen losgehen, Schluss mit dem Gerede. Zuschlagen. Jetzt, und den ersten, den wir von denen erwischen. Los jetzt.» (S. 183)
Keine Frage, dass die Lesenden sich an solchen Stellen angewidert aus dem Rollenspiel zurückziehen möchten. Diese Spiessermentalität kennen sie doch, Selbstzufriedenheit, blinder Stolz über einen Fortschritt, der alles langsam Gewachsene kaputtschlägt, blinder Hass gegen alles, was an die unbewältigte Seite des Lebens erinnert, Kinder, Sexualität, Fremde.
Aber so leicht ist der Rückzug nicht zu haben. So abstossend das Wir sich gibt, so nah kommt es uns wieder, vertraut in seiner Sonntagnachmittags-Melancholie, das Gefühl abwehrend, dass jederzeit Angst, Trauer oder Gewalttätiges ausbrechen könnte; bekannt auch in seiner plötzlichen Unruhe, der unbändigen Lust, wegzugehen, ohne Zögern abzuhauen. Unaufgefordert bietet dieses Wir uns schon im ersten Satz seinen Schutz an: «Zusammen wissen wir eine ganze Menge», und nach Bedarf überlässt es uns seine Beschwörungsformeln: «Wir. Wir. Vereint mit uns selbst. Ja, so ist's gut. Nur keine Angst jetzt. Jetzt nicht. Hier doch nicht! Hier sind alle alle. Gut so. Und fast so etwas wie Wärme jetzt.» (S. 43)
Durch den Wechsel an Gesichtern, dem wir, die Lesenden, ablehnend oder zustimmend folgen, hat uns aber das Wir allmählich etwas voraus. Es löst sich ab von den Gruppen, die es in der ersten Person Plural bezeichnet, macht sich selbständig, sieht, hört und weiss Dinge, die wir nicht sehen, hören, wissen. Es sieht am hellichten Tag, wie die Welt sich zur schiefen Ebene aufrichtet, Bahnhof und Turm in die Tiefe stürzen, aber nicht stürzen, sondern Sekunden später an ihrem Platz stehen wie zuvor; es hört nachts den langgezogenen Todesschrei, von dem keiner weiss, wo er herkommt, ob von einem Tier oder von einem

Menschen, es träumt die Alpträume aller, versammelt in einer Angstvision: steigendes Wasser, massenweises Ertrinken in einem fenster- und türlosen Raum; es reflektiert und fragt und weiss mehr: «*Reden.* Wir sagen. Durch Reden Wir sein. Durch Reden ein Stück weit aus dem Schweigen und von uns allen hier herauskommen. Sind wir ein Chor? Sind wir die versammelten und gleichzeitig redenden Stimmen der Übereinkunft und der Bürgerlichkeit und Rechtschaffenheit und des gesunden Menschenverstands und von Recht und Ordnung? (...) Indem wir hier reden, artikulieren wir uns, übrigens im Bewusstsein, dass das realistischerweise nicht möglich ist, wir sind unser kollektives rsp. gemeinsames, hier ausnahmsweise auch einmal etwas erzählen dürfendes, sich artikulierendes Bewusstsein, eine hypothetische Konstruktion, mehr nicht, als redende kein eigentliches Subjekt, überhaupt eigentlich kein Subjekt, was wir hinwiederum nicht wissen.» (S. 143/144)

Obwohl das wir sich beiläufig als bloss hypothetisches Subjekt relativiert, wird seine Überlegenheit gegenüber einem jeweiligen Gruppen-Wir wirksam: es gelingt ihm, uns genau den Konflikt aufzuladen, den wir uns vom Leib halten wollten. Dieselbe Kategorie, die uns hilft, ein Stück weit aus dem Schweigen herauszukommen, uns zugehörig zu fühlen und mitzuteilen, stellt sich leihweise auch den anderen zur Verfügung. «Wir» sind auch die Fremdenfeinde und Ordnungshüter. Wer sich auf die Wir-Form einlässt – und die «Unruhen» lassen da keine Wahl – wird auch mit all jenen verstrickt, von denen er sich abgrenzen möchte.

«Schreiben gegen das Hier»
Die kollektive Struktur, nach der Otto F. Walter zehn Jahre lang suchte, hat er in den «Unruhen» offenbar gefunden und so gründlich durchkomponiert, dass individuelle Konflikte in ihr untergehen. Einmontierte, der «Realität» entliehene Fertigteile sorgen ausserdem für unverwech-

selbare inhaltliche Hinweise, die zur politischen Stellungnahme herausfordern und eine bloss ästhetische Beurteilung ausschliessen: Jammers ist der Prototyp einer grösseren Schweizer Stadt der Endsechzigerjahre. Es braucht nicht mehr darauf zu warten, von der Welt entdeckt zu werden, wie noch das Jammers des «Stummen»; seine Skyline hat den Provinzhimmel längst gesprengt, seine Verkehrsachsen schieben sich sechsspurig ein und aus, in wenigen Jahren wird es ein «schweizerisches Chicago» sein. An der Zeit ist deshalb eine andere Entdeckung: dass auch die «älteste Demokratie der Welt» nicht imstande ist, die Zerstörung, auf die sie sich einliess, aufzuhalten. Die blinde Euphorie schlägt um in Angst, Hass, Gewalt. Der ökonomische Anschluss an die Welt hat Jammers sein demokratisches Gesicht gekostet, unvermutet zeigt es faschistische Züge.

Nichts liegt näher, als in den «Unruhen» ein Musterbeispiel für ein radikal gewandeltes, marxistisch aufgeklärtes Literaturverständnis zu sehen. Ein Autor, der lieber Konzept sagt als Roman, lieber die Realität reden lässt als die Aura des Fiktiven, der sich lieber ans Chaos hält als an versöhnliche Lügen, erscheint als gelehriger Schüler der Kulturrevolution. Auch Klassiker wie Walter Benjamins Ansprache «Der Autor als Produzent», kennt er offensichtlich. Überflüssig fast, dass er Texte von Habermas, Mansilla und anderen mitmontiert, seine Denkrichtung wäre ohnedies genügend dokumentiert. Auch literaturgeschichtlich liesse sich rasch ein «revolutionärer» Bezugspunkt finden, der für den Autor des «Stummen» noch undenkbar gewesen wäre, Döblins «Berlin Alexanderplatz» aus dem Jahr 1928 zum Beispiel, in der Darstellungsweise dem Berliner Futurismus verwandt, ein Roman, der nicht literarisch kunstvoll sein wollte, sondern chaotisch simultan wie das Leben selber und zu diesem Zweck Figuren und Ereignisse in einen Strom von collagierten Wirklichkeitsfetzen einbettete.

Nach sechs Jahren Arbeit bei Luchterhand und sechs Jahre nach der Weltwochen-Debatte mit Max Frisch scheint Otto F. Walter genau da zu sein, wo er nicht sein wollte. «Literatur ist Kritik», hat er damals gesagt, sie stelle das, was ist, mit jedem Satz in Frage, und diesem *indirekten* Realitätsbezug sollten sich um der literarischen Qualität willen die unmittelbar politischen Interessen unterordnen. Die Montageform dagegen, die er jetzt wählt, eine Methode der Kunst, sich zugunsten des Realitätsgehalts als Unkunst auszugeben, scheint das genaue Gegenteil zu bewirken: die direkt politischen Äusserungen erhalten inhaltliche Priorität. Mühelos lässt sich das neue Buch unter jene parteiliche, engagierte Literatur einordnen, die er zuvor als eine Zumutung und überdies als politisch wirkungslos beurteilt hat. Wie er selber später kommentiert, «zeigt es die Entstehung von Faschismus und Terrorismus in der Schweiz, einer hochindustrialisierten Gesellschaft»[47].

«Ein neuer Otto F. Walter» titelt Werner Weber in der NZZ[48]. Er stellt ihn in die Reihe besorgter Beobachter der öffentlichen Schweiz: Pestalozzi, Gotthelf, Keller, Jakob Bosshart, Meinrad Inglin. «Man redet unentwegt von politischer Dichtung, von Engagement. Otto F. Walters neues Buch ist politisch, ist engagiert. Und es ist Dichtung, gezeichnet von Sorge.» Einige Wochen später, nach der Frankfurter Buchmesse, möchte er die «Unruhen» sogar zum Buch des Jahres machen. Wie er meint, haben die Habitués den neuen Walter ebenso übersehen wie den neuen Handke, der mit «Wunschloses Unglück» und «Der kurze Brief zum langen Abschied» ebenfalls eine unerwartete Richtung eingeschlagen hat[49].

Sicher ist, dass sich Otto F. Walter auf politische Behaftbarkeit eingelassen hat. Er wird es sich fortan gefallen lassen müssen, dass die inhaltlich orientierten Diskussionen um seine Werke ihn auf politische Standorte festlegen wollen und ihn von daher, je nach Optik, als gut oder schlecht, brauchbar oder unbrauchbar taxieren. Nur: So griffig sich in den «Unruhen» ein gesellschaftskritischer Inhalt ablösen lässt, so leicht wird dabei übersehen, dass die Integration in die ästhetische Form, und wäre es die fiktionsfreie Montage in Reinkultur, Inhaltliches mitangiert und verändert hat; dass gerade nicht die handfesten Hinweise auf faschistische Tendenzen in der Schweiz von 1972 die «Unruhen» bis heute lesenswert erhalten haben – für solche Hinweise hätte es keines literarischen Konzepts bedurft, Linke wussten darüber damals schon Bescheid – nicht der direkte, sondern, allem Anschein zum Trotz, ihr indirekter Realitätsbezug, der sich im Prozess der ästhetischen Vermittlung, des Schreibens und Lesens also, erst herstellt.

Aufschlussreich ist in dieser Hinsicht weniger Inhaltliches als Strukturelles, zum Beispiel die «unrealistische» Eigendynamik der Wir-Form, das Verschwinden des Subjektiv-Individuellen, aufschlussreich ist auch die Art und Weise, wie die Funktion des Erzählers reduziert wird. Seine kurzen, verstreuten Äusserungen fallen aus dem übrigen Text heraus, optisch durch Kursivdruck, grammatikalisch durch die Ich-Form, und sie sind alles andere als überlegene Kommentare eines Wissenden. Nur eine der Stellen formuliert die Hoffnung, dass sich alles irgendwie und irgendwann zu einem Ganzen fügen werde, *«ein gigantomanes oder -manisches Mobile aus Jetzt und Ablauf und Klischees»*, weil sich dann vielleicht sagen liesse, *«warum was und wieviel hier sanft faschistisch ist oder: nur einfach dumpf und gewalttätig vor demokratischer Angst und Rationalisierung und Unterdrückung und Sätzen aus der Genesis und Chromstahl und staatspolitischer Reife und Schrott»*. (S. 134/135) An den übrigen Stellen aber verzichtet der Autor auf erzählerische Zuversicht, ratlos fragend, was Schreiben überhaupt noch soll, ratlos antwortend, dass es wenigstens etwas sei, aber eigentlich nicht genüge. Ohnmacht, Ratlosigkeit scheint das unvermeidliche Korrelat zum parteiergreifenden Schreiben zu sein, keineswegs Selbstsicherheit. In der Angst, zu spät zu kommen, überholt der Schreibende sich selber und endet immer wieder bei dem, was er

schreibend nicht «tun» kann: «*Aber nochmal: etwas tun. Jetzt gegen das, was hier täglich passiert und täglich kompakter, schlimmer, menschenleerer wird*». (S. 67)
Die neugewonnenen Ausdrucksmittel, die sich hart an die Realität heranbewegen, vergegenwärtigen eine Übermacht, der schreibend nicht beizukommen ist. Der Autor könnte es dabei bewenden lassen, sich vollends zum Verschwinden bringen und die Welt in ihrem sinnlosen Gigantismus sich selber ad absurdum führen lassen. Aber er greift, wie einer im Märchen nochmals in seine Tasche greift, die er schon leer glaubt, nach ein paar ratlosen Kursivsätzen, und auf seine Montage fällt ein anderes Licht das Eingeständnis der Ratlosigkeit macht die zugeschütteten Orte des Widerstands ausfindig, «*Ich sagen. Aussteigen.*» (S. 20) Von hier aus lässt der Wir-Zwang sich aufheben, die Bedrohung sich durchbrechen, eine gegenläufige Energie verschafft sich Ausdruck. Sie kehrt das Formgesetz der montierten Wirklichkeit gegen diese selbst, Montage ist so gesehen nur vordergründig «gigantomanische» Wirklichkeitswut, auf ihrer Kehrseite ist sie ebensosehr Demontage, Widerstand gegen die wachsende Verblendung. Sprachlos wird das literarische Ich darin tätlich, reisst Teilstücke aus ihrem Zusammenhang, unterbricht, trennt, sperrt das Passende mit dem Unpassenden und gibt mit diesem immer wiederkehrenden Anhalten der Sprache das Muster an, was «gegen das hier» zu tun wäre, «wirklich und jetzt»: anhalten, aufhören, so nicht weiterfahren.
Im Hinblick auf diese indirekt kritischen Realitätsbezüge, die sich weniger durch Zitate belegen lassen, als vielmehr im Prozess des Schreibens und Lesens erst konstituieren, werden gewisse politisch motivierte Einwände und Vorbehalte hinfällig. Besonders der Einwand, die Wir-Form gerate in Widerspruch zur emanzipatorischen Absicht, weil sie die entscheidenden gesellschaftlichen Differenzen, die antagonistische Struktur zwischen Herrschenden und Beherrschten verwische. So äussert sich W. Martin Lüdke

im Gespräch mit Otto F. Walter[50]. Ebenso hinfällig wird der Vorwurf aus Ciaco Schiessers Aufsatz «Realistische Bemühungen», die emanzipatorische Absicht werde hintertrieben, weil die Wir-Texte und die sie umlagernden Montageelemente nur die flache Illustration der Manipulationsthese seien, die der Autor bei der Frankfurter Schule angeliehen und seinem Konzept übergestülpt habe[51].

Zu beiden Einwänden wäre zu sagen, genau dieser Widerstreit von kritischem Wissen, Veränderungsanspruch und der täglichen Erfahrung, dass die Welt nicht danach sei, dass sauber analysierte Antagonismen und revolutionäre Theoreme in ihr greifen, dass vielmehr die Ich-Stellen, von denen Emanzipation ausgehen müsste, um praktisch werden zu können, beinahe vollständig zugeschüttet seien, eben dies ist der Beweggrund der «Unruhen». Das Subjekt, das sich statt eines selbstbewussten Ich aufdrängt, ist ein schillerndes Wir; und nicht durch Anwendung eines Theorems, sondern dadurch, dass es seine widersprüchliche Struktur ausbreitet, kommt es allmählich der verwischten Differenz von Herrschen und Beherrschtwerden auf die Spur. Es trifft damit den Zustand eines Normalbewusstseins, das sich seine bröckelnde Identität so lange nicht einzugestehen braucht, seine freiwillig-unfreiwillige Selbstentfremdung so lange in Fremdenhass umlenken kann, als es auf Kosten anderer, «Fremder», Ausgeschlossener lebt. (Sinnigerweise sind im Jammers der «Unruhen» die Ausgeschlossenen Rätoromanen, längst eingebürgerte «Fremde» also, was die Zwangshaftigkeit des Ausschlusses unterstreicht.)

Wenn diese Interpretation stimmt, so hiesse das: Die Wir-Texte hinken nicht hinter der Einsicht des Autors her, sie helfen ihr vielmehr auf den Weg, indem sie, sehr früh, einen Zustand diagnostizieren, der uns inzwischen erschreckend bewusst geworden ist; unsere Komplizenschaft mit einem Wir, das sich auf Kosten anderer, Schwächerer auf diesem Erdball breit macht, unsere Teilhabe an einer kollektiven Struktur, der wir, auch wenn wir zwischendurch aussteigen, Widerstand leisten, Solidarität mit anderen Aussteigenden suchen, doch immer wieder – zwangsläufig? – mit jedem Griff in die Regale der Supermärkte, mit jeder erfüllten Pflicht, jedem unterlassenen Protest erneuern helfen.

Gewiss soll damit nicht beiseitegeredet werden, dass direkt politische Äusserungen in den «Unruhen» dominieren und dass viele darunter, wenn auch längst vielfach wiederholt, für die heutige Schweiz noch immer aktuell sind. Hinsichtlich ihrer Funktion im Ganzen des Konzepts zeigt sich aber, dass sie gerade nicht, wie anzunehmen wäre, einem durch politische Erfahrung gestärkten, «engagierten» Selbstbewusstsein entsprechen, sondern im Gegenteil einem ratlosen; dass ihr quasi verdinglichter Fertigteil-Charakter ein Indiz ist für das Schwinden der Möglichkeiten, handelnd, schreibend einzugreifen.

Die Eindrücke im Umfeld der Studentenunruhen, der Kulturrevolution und der marxistischen Richtungskämpfe haben bei Otto F. Walter die Ansicht weiter verstärkt, Literatur sei eine Funktion des Politischen, wenn auch unter negativem Vorzeichen: Die Wirklichkeit schränkt den Raum des Erzählbaren immer mehr ein, sie lässt, je mehr Veränderung nottäte, immer weniger zu, dass, was in den «Bereich des Schweigens» abgeschoben wurde, in Gestalt des Geschriebenen «an die Öffentlichkeit zurückgegeben werden könne». Auch die frühere Überzeugung, die er in der Weltwochen-Debatte vertrat, dass Literatur nur durch indirekte, ästhetisch vermittelte Realitätsbezüge Kritik des Bestehenden ermögliche, wird durch die «Unruhen» nicht grundsätzlich widerlegt. Aber die Ergänzung, Literatur stelle das, was ist, mit jedem Satz in Frage, ist für das Montage-Prinzip kaum mehr haltbar. Kritik scheint über weite Strecken aus den Sätzen verbannt, an die Abbruchstellen der Textstücke verwiesen, verbannt in eine wortlose Tätlichkeit und in die kursiv aus dem Ganzen herausfallenden Abschnitte.

Das mag Linken, die von kritischer Literatur Ermutigung und Anweisung zum Handeln erwarten, wenig gefallen. Aktivistinnen und Aktivisten, die von der Geduldsprobe des Indirekten genug haben, mögen sich angewidert von ästhetischer Vermittlung überhaupt abwenden. Das ist verständlich, aber es ist falsch. Ausser Acht und verloren geht dabei an einem Text wie den «Unruhen» das ganze Potential an Energie, das von den verstreuten Orten des Widerstands herkommt, die Kompaktheit des Wirklichen durchschlägt, der Bedrohung Einhalt gebietet; verloren geht der stumme Appell, was «gegen das hier» zu tun wäre: anhalten, aufhören, so nicht weiter. Allerdings, auch das bringen die «Unruhen» in Erfahrung, hat die Suche nach den Orten des Widerstands ihren Preis; wer sich aufmacht, kann nicht zum vorneherein auf Verbündete zählen, er, sie wird weder um das Bewusstsein der Komplizenschaft mit einem vieldeutigen Wir, noch um die Verlorenheit des Ich-Sagens herumkommen.

«Die Verwilderung»

Erzählen, versuchsweise
Eine Prognose für die Entwicklung des Schriftstellers Otto F. Walter hätte vom «Stummen» aus gesehen vielleicht den grossen Epiker angekündigt, der entgegen dem Fabelverbot der Moderne alte Mythen in neuen Räumen ansiedelte; vom «Tourel» aus möglicherweise den Satiriker oder den Surrealisten; «Die ersten Unruhen» dagegen liessen vermuten, der Autor suche nach einer Möglichkeit, sich praktisch zu betätigen und vom Erzählen Abschied zu nehmen. Alle Prognosen hätten Richtiges getroffen und wären doch falsch gewesen. Auch «Die Verwilderung», die im Herbst 1977 erscheint, zeigt einen neuen, unerwarteten Walter[52].

«Durch diese Buchstaben auf dem leeren Papier die alte Huppergrube behaupten und anfangen mit dem Fünfundzwanzigjährigen, wie er in der frühen Junihitze den

Fusspfad in die Steilwand, die Westwand, der stillgelegten Grube hochgeht, fünf und acht und zwölf Meter über dem Spiegel des Grubensees aufwärts; wie er da oben beim kniehohen Strunk der abgesägten Steineiche ankommt und für einen Augenblick das weite Rund der Grube vor sich betrachtet, den schmalen Grubeneingang gradaus in dreihundert Meter Entfernung ganz unten, rechts in den Birken und Lärchen auf halber Höhe den Turm aus Eisengestänge der Huppermühle, den Wohnbau mit dem beschädigten Dach, dieses ganze von Birken und Eschen und Schwarzdornbüschen überwucherte Grubengelände, mit dem See nun direkt da unten, rund hundert auf hundert, drin die weissen Sommerwolken gespiegelt, und wie er sich zum Grubenrand hinter und über sich kurz umschaut, das Hemd, dann Turnschuhe und Hose auszieht und in der heissen Nachmittagssonne nackt auf die Strunkplatte vortritt, leicht in die Knie gehend die Arme nach hinten nimmt, und, fast schon waagrecht, vornüber abspringt und noch im Absprung die Arme vor sich ausbreitet und über die unter ihm ebenfalls vorspringende Steilwand hinausschiesst und kopfüber in die Tiefe und wie er dann aus dem grünen Wasser auftaucht und nach links aufs Ufer zucrawlt, auf die halb vermoderten Balken und die zwei Teerfässer der ehemaligen Lände zu. Anfangen damit.» (S. 7)

Ein einfacher Kunstgriff, und das Gewicht der Wirklichkeit ist aufgehoben, die Schwerelosigkeit eines Mobile, in den «Unruhen» vergeblich herbeigewünscht, ist eingelöst: der Hinweis, dass hier, durch Buchstaben auf leerem Papier, zum Schein eine Welt entstehen soll, nicht die wirkliche, sondern die behauptete, ermöglicht mitten im Vergehen die Freiheit eines Anfangs, der einem Nichts etwas entgegensetzt, der Leere den Raum, Himmel, Erde, Wolken und den ersten Menschen. Aber kein falsches Paradies, der Schein soll nicht lügen, nur «für einen Augenblick» die Zeichen von Gewalt und Zerstörung stillegen, die Angst abstreifen wie überflüssige Kleider,

den Sturz in die Tiefe im Flug auffangen, den Untergehenden auftauchen und landen lassen. Für die Länge eines weitgespannten Satzes ist die Einfalt des Erzählens wiederhergestellt.
Und sogleich wieder zurückgenommen: «Anfangen damit.» Die Fiktion genügt nicht sich selbst, scheint ein Mittel, etwas anderes vorzubereiten, sie soll nüchtern bleiben, wachsam wie der Fünfundzwanzigjährige, der sich vor seinem Absprung vorsichtig umsieht. Der Kunstcharakter ihrer Anmut bleibt transparent, so wird auch der gewaltsamen Zerstörung, die bevorsteht, etwas von ihrem Schrekken genommen: Die vier Gestalten, die Rob in seiner Grube überfallen, bleiben schemenhaft, ein «folgt ausführliche Beschreibung» erledigt sie, für ihren Gewaltakt genügt der Satz «die folgenden Szenen geschenkt», Robs verschwollenes Gesicht am nächsten Tag und die kurz und klein gehauene Kücheneinrichtung. Die Lust des Erzählens darf nicht überhandnehmen. Biographisches lässt sich im Ton einer Aktennotiz nachtragen, Rob soll nicht zu schnell eine einmalige Figur werden, er soll Material bleiben, ein Fallbeispiel, versuchsweise in Gang gebracht: Hilfsarbeiter- und Sektierersohn, Suizid des Vaters, die Mutter wiederverheiratet, Kellnerin. Lehre in der Papierfabrik, Raufbold und Schläger, Rekrutenschule, Automechaniker. Seine tätliche Rache an dem Normalbürger, der ihn in seiner Grubenbehausung überfallen hat, trägt ihm sechzig Tage Strafanstalt ein. Rob ist Einzelgänger.
Modellhaft, jedoch für die privilegierte Seite der Gesellschaft, sind auch die biographischen Daten der jungen Frau, die Rob zufällig kennenlernt, Helen Bloch, Tochter eines Technikers, aufgewachsen in einem Einfamilienhaus, Maturität, angefangenes Studium, marxistisch interessierter Freundeskreis. Ebenfalls modellhaft: dass zwischen beiden trotz dieser unterschiedlichen Voraussetzungen Liebe entsteht und eine Geschichte beginnt. Leni besucht Rob in der stillgelegten Huppergrube, dem kleinen Stück Niemandsland, das er sich wohnlich eingerich-

tet hat, sie beschliesst, bei ihm zu bleiben, beide werden sich mit Teilzeitarbeit ihr Leben verdienen und ihre Unabhängigkeit bewahren.
So kann, versuchsweise, die dritte Hauptfigur hinzukommen, Blumer, eine halbe Generation älter, der Achtundsechziger, der den Routinejournalismus aufgab, um dabei zu sein, im Pariser Mai, bei den Globus-Krawallen, in der KPF, bei der Begeisterung für Bakunin oder Mao, immer auf der Suche nach der endgültigen Lösung für die neue Gesellschaft. Er hat sich angewöhnt, seine häufiger werdenden Anfälle von Verzweiflung mit einer neuen Geliebten oder mit dem Entschluss, das Buch nun doch noch zu schreiben, oder mit ein paar Schnäpsen und schweren Schlafmitteln zu bekämpfen. Nach zehn Jahren im Ausland kommt er zurück und findet in Jammers eine erbarmlich gleichgültige, bewegungslose Gesellschaft wieder. Er will sich umbringen, Leni entdeckt ihn in der Nähe des Grubensees, holt ihn ins Leben zurück und lädt ihn ein zu bleiben. Die jungen Leute, ihr Entschluss, auszusteigen, Gleichgesinnte zu finden und vielleicht sogar eine Kooperative zu gründen, geben ihm den Mut weiterzuleben.
In kleinen Schritten kommt die Erzählung voran. Sie verliert keinen Augenblick das gewichtslos Spielerische des Anfangs. Auch ein Ausbruch von Eifersucht, der schwere Stein, den Rob in Richtung von Lenis Zimmer schleudert, weil sie ihm gesagt hat, dass sie auch Blumer mag, sein besinnungsloses Herumknallen wird aufgefangen durch die verschreckt und hilflos abwartenden ZuschauerInnen, und er endet im Spiel: ein riesiges Steinweib mit hölzernen Armstümpfen entsteht, zu seinen Füssen versöhnen sich die Liebenden erschöpft und wortlos. Auch Selbstironie sorgt dafür, dass sich die «Keimzelle» der neuen Gesellschaft nicht zu einem platten Arkadien entwickelt. Lachend weist Leni die vollendete Selbstversorgungs-Idylle zurück: «Ich seh uns schon Schafe züchten und ich am grossen Webstuhl. Und du töpferst in der Freizeit un-

ser Essgeschirr. Dazu keimfreies Gemüse – ich weiss nicht – nein!» (S. 69) Auch die Ungeduld schreibender Weltveränderer wird ironisch beleuchtet. Dem zweiten Teil des Romans ist ein Zwischenspiel vorangestellt, das kraftmeierische «Projekt Morneck», eine Sechs-Tage-Schöpfung, in der es gelingt, mittels eines geleasten Raupenbaggers die Gegend zwischen Dornach, Solothurn und Olten vollständig zu planieren – zu solchen Visionen neigte schon der junge Mann in der «Katze» –, Tiere, Pflanzen, das ganze Ökosystem und sogar den Menschen samt Weib, Emanzipationsgeschichte und Räterepublik neu zu schaffen. Nur eins hat der allmächtige Erzeuger dieses Paradieses übersehen: der Staub, das Material, aus dem seine Menschen gemacht sind, ist mit der ganzen bisherigen Geschichte so durchtränkt, dass alsbald die Erinnerung durchschlägt, die alte Gesellschaft die neue einholt.

So stösst das Spiel mit den Buchstaben auf leerem Papier an seine Grenzen. Zur Vision des Glücks gehört das Wissen um seine Störbarkeit, zum ausgemalten Detail der Zukunftswelt die durchschlagende Erinnerung. Das Erzählen, als Versuch angelegt, bricht immer wieder ab, um Fragen, Bedenken, Rück- und Voraus- und Seitenblicken Platz zu machen. Wiederum wählt Otto F. Walter die Methode der Montage, um Quasi-Realität einfliessen und sprechen zu lassen, diesmal auch, deutlicher als in den «Unruhen», um die Beschränktheit des Fiktiven und des auf Fiktion angewiesenen Erzählens auszudrücken. Hart kreuzen die Meldungen über Krisenereignisse das Umfeld der Kooperative: Entlassungen, Repression, Berufsverbote, Machtmissbrauch; «Neues vom Tag», «Kalendergeschichten» heissen die Rubriken, dazu kommen Intimszenen kaputter Beziehungen aus der nahegelegenen Blocksiedlung, Schlaglichter auf die neuere wissenschaftliche Erforschung der Vorzeit werden eingeblendet: Urgeschichte der Menschheit, Theorie des Patriarchats, der Sexualität.

Die Art, mit den Versatzstücken des «Wirklichen», Zitaten und Zitathaftem umzugehen, ist selbstbewusster geworden. Die ordnenden und distanzierenden Titel, die einleitenden, häufig selbstkritischen Fragen, die einzelne Textstücke in Relation zum Erzählten bringen und ihnen dadurch das Fremdkörperartige nehmen, lassen auf ein gestärktes literarisches Selbstbewusstsein schliessen, das sich «gegen das hier» zu schützen weiss. Ein ironisch verharmlosender Titel wie «Kalendergeschichten» für Katastrophales bringt die kritische Dimension wieder in den Text hinein, er behandelt die Meldungen, ohne sie zu verfälschen, als wären sie aus der Perspektive einer besseren Zeit, sozusagen als unglaublich-aber-wahr aufgehoben; als korrespondierten sie insgeheim mit den verstreuten Abschnitten der «Ballade von der Herbeiführung erträglicher Lebensbedingungen für alle», in denen die Einführung der Selbstverwaltung in der Schweiz bereits weit zurückliegende Geschichte ist. Anders als in den «Unruhen», hat der Autor die Montageelemente soweit im Griff, dass sie nicht vorwiegend ihre störenden und zerstörenden Elemente entfalten, das Bewusstsein überfallen und in ihren Sog ziehen, sondern auch mit-spielen, sich in die Versuchsanlage des Ganzen einfügen müssen.

Äusserungen aus dem Skizzenbuch, das zum einen Blumer zuzuschreiben ist, zum andern Reflexionen des Autors enthält, belegen diese Entwicklung: «Die Lust am Versuch, meine Methode der Montage variiert auszubauen. In für mich Neues hineinschreiben. Mein zur Zeit wildes Interesse am Verfallen alter sozialer Normen, am Tasten nach offenen und dennoch lebbaren Strukturen im privaten Zusammenleben, aber auch im Staat. Den wachsenden Widerstand darstellen, auf den dieses Tasten in der Verwirklichung neuer Möglichkeiten stossen muss. Machtverhältnisse als Hintergrund. Faszination, die auch davon ausgeht, dass Figuren dann irgendwann tatsächlich Eigenleben entwickeln, und ich habe sie doch nur mal so versuchsweise entwickelt und in Gang gesetzt.» (S. 105/106)

Kein kursives Herausfallen mehr, der Legitimationsentzug scheint überwunden, Schreiben ist wieder mit Lust, wildem Interesse, Faszination verbunden. Die Rückkehr zu identifizierbaren Erzählfiguren beschränkt zwar den Spielraum, sie ermöglicht aber einen neuen Selbstbezug. Eine Gestalt wie Blumer bietet sich zur Identifikation an, ohne das Verschlingende der Wir-Kategorie zu entwickeln. Sie verkörpert gegenüber den Jüngeren, Rob, Leni und den übrigen Kooperative-Mitgliedern das Mehr an Erfahrung, das der Autor seinen Figuren voraus hat. Aber auch Blumer bleibt Objekt, auch ihn kann der Autor jederzeit als vorgeschoben ausgeben und von ihm abrücken.

«Was gehen uns deine uralten Dichter und Denker an»
Zum neuen Selbstbewusstsein gehört auch der Blick auf die literarische Tradition. Montage ist nicht nur ein realistisches Formprinzip, dem neuen Wirklichkeitsverhältnis angemessen, sie ist explizit auch der Versuch, «die Behäbigkeit der traditionellen epischen Formen zu bekämpfen» (S. 170), deren Tendenz zur Versöhnlichkeit, zum Einverständnis mit Unrecht und Leiden. Ein Zentralmotiv, an dem sich die Literatur über Jahrhunderte schuldig machte, ist die Liebe. Noch bevor Rob und Leni sich ein erstes Mal umarmt haben, muss diese Vorbelastung des Liebesmotivs vergegenwärtigt werden. Ein Zitat aus Denis de Rougemonts «Die Liebe und das Abendland» erklärt: «Niemand kann mehr daran zweifeln, dass die gesamte europäische Dichtung aus der Dichtung der Troubadoure des zwölften Jahrhunderts hervorgegangen ist (...) Und was ist eigentlich die Dichtung der Troubadoure? Eine Verherrlichung der unglücklichen Liebe.» (S. 43)
Eine Möglichkeit, Distanz zu markieren zu dieser tragischen Tradition, schafft sich der Autor durch die Zitate aus Gottfried Kellers «Romeo und Julia auf dem Dorfe». Sie vergegenwärtigen das Schicksal von Sali und Vrenchen von dem Augenblick an, wo es seinen unglücklichen Lauf nimmt, und begleiten die Geschichte von Rob und Leni

bis ans Ende. Nach Otto F. Walters späterer Äusserung sind diese Abschnitte «Aus einer alten Geschichte» ein Beispiel «für eine Art von Liebe, gegen die dieses Buch eigentlich revoltiert: gegen die bürgerliche Auffassung von der Einmaligkeit des Partners und der einmaligen Konstellation, in der zwei Menschen einander treffen, die sie durchhalten gegen alle Widerstände, um erst im Tod endgültig vereint sein zu können». Gleichzeitig bilden sie «so etwas wie einen wunderschönen Goldteppich aus dem 19. Jahrhundert, der hinter dem ganzen Geschehen hängt und den Vordergrund umso deutlicher hervortreten lässt»[53].

Hätte sich Otto F. Walter nur von einer alten Geschichte abgrenzen wollen, so hätte er allerdings nicht ausgerechnet den kritischen Landsmann Gottfried Keller zu wählen brauchen, noch weniger den Schluss des letzten Satzes der Romeo-und-Julia-Geschichte seinem Roman als Motto voranstellen und das letzte Stichwort als Titel einsetzen müssen: «... abermals ein Zeichen von der um sich greifenden Entsittlichung und Verwilderung der Leidenschaften.» Die Anleihe deutet wohl ebensosehr auf Verwandtschaftsgefühle zwischen dem Realisten aus Jammers und dem aus Seldwyla. Das Stichwort Verwilderung trifft offenbar eine Zwischentonlage, die auch den Jüngeren fasziniert, weil es Keller damit gelingt, den engen Moral- und Ordnungssinn der Bürger sich – authentisch – selber desavouieren, am Tod der Liebenden mitschuldig werden zu lassen, ohne umgekehrt diese ganz freizusprechen und als unschuldige Opfer zu betrauern: Auch sie konnten die Grenzen der herrschenden Moral nicht überschreiten. Auch in Kellers Realismus, in den Eindruck, dass es so kommen musste, mischt sich der Vorwurf, dass es so gerade nicht hätte kommen dürfen; auch sein Blick, obwohl versöhnlich, sucht nach den Ansatzstellen der Revolte. Während für ihn ein biedermeierlich harmonisches Paar, das auch im Leiden Anmut bewahrte, zeitgemäss war, hat Otto F. Walter, gut hundert Jahre später, junge Leute zur Verfügung,

denen die Revoltebewegungen des vorangegangenen Jahrzehnts das Feld bereitet haben. Fast natürlich führt sie der Anspruch auf Liebe und Leben weg von der Gesellschaft. Und auch hier ist eine gewisse Verwandtschaft zu beachten. Auch Otto F. Walter sucht nicht die Provokation der revolutionären Gebärden, auch er tendiert mit seinem Paar auf eine unspektakuläre, für den Normalbürger nachvollziehbare Form der Weigerung, des Aussteigens aus der Konsumgesellschaft. Auch wenn die Zielvorstellung radikal ist, eine repressionsfreie Selbstverwaltungs-Demokratie, so sind die ersten Schritte doch ohne Störung der öffentlichen Ordnung realisierbar, die Ansprüche der Grubenbewohner sind bescheiden, sie bleiben kompromissbereit und akzeptieren, fast biedermeierlich, «dass Glück seinen Preis hat». (S. 36)
Gleichwohl ist eine Differenz zwischen Keller und der «Verwilderung» unüberbrückbar. Was bei Otto F. Walter wie ein Schritt zurück ausgelegt werden kann, zurück zur Sinnlichkeit des Erzählens, zur Lust an Fiktion und Spiel, auch zu einem gemässigt kritischen Realismus vom Schlage Kellers, ist ein gewagter Schritt auf die Höhe eines Bewusstseins, dem nur mit gegensätzlichen, ja paradoxen Ausdrucksmitteln beizukommen ist. Otto F. Walter begibt sich auf die Gratwanderung, diese Mittel so anzuwenden, dass sie zugleich über den gegebenen Zustand hinausführen. Sein Buch soll nicht nur, wie die Geschichte aus Seldwyla, im besten Fall kritische Einsicht, Mitleiden wekken, es soll der besseren Welt auf den Weg helfen und kann sich deshalb nicht damit begnügen, die Grenzen der bestehenden Welt zu beschreiben, es muss nach Möglichkeiten suchen, sie – versuchsweise, hypothetisch – zu überschreiten. So wird für den Autor der «Verwilderung» das schlichte Erzählen, der scheinbare Schritt zurück, ein Schritt nach vorn, eine «Behauptung», die das Gegebene transzendiert, ein versuchsweises Ingangsetzen, immer wieder unterbrochen: Der Schritt darf nicht ins Leere gehen.

Im ganzen Buch ist das Formprinzip des Widerspruchs gegenwärtig, das den Schritt über die Grenze möglich macht, und wieder zurückholt. Es ist gegenwärtig im Eingangstext, der ein Paradies entwirft, den Ort, wo die Zukunft beginnen soll, wo aber Zeichen des Verfalls davon zeugen, dass sie hier schon einmal begonnen hatte; es ist spürbar in Blumers rastlosen Aus- und Einbrüchen der Begeisterung, treibt ihn in den Selbstmord und bringt ihn ins Leben zurück, es wirkt über Fragen, Bedenken, Einwände, strapaziert mitunter unsere Geduld mit einer Materialfülle, die alles plastisch Gestaltete aufzulösen droht; denselben Menschen, die uns in ihrer Fähigkeit zu lieben und zu leben ein Stück vorausgehen, wird die Last eines jahrtausendetiefen Zeitabgrunds «unterlegt», bis zum Ursprung der Gattung, zu den Anfängen gesellschaftlicher Zwangsprogrammierung. Und widersprüchlich muss schliesslich auch das Ende sein. Der «Wunsch, dass es so gewesen wäre», und «dass es so hätte sein können», führt die Geschichte ihrem unwahrscheinlichen Ende zu. Die Mitglieder der Kooperative laden die Bewohner der nahegelegenen Blocksiedlung zu Bratwurst und Bier in die Huppergrube ein und legen die latenten Feindschaften erst einmal friedlich bei. Ihre Zukunft ist nicht sicher vor Rückschlägen, inneren und äusseren Kämpfen, aber doch soweit geebnet, dass nichts zu erzählen bleibt als ein letzter Satz: «Wie die Kooperative weiterlebt, mit den Sorgen ihrer Mitglieder und einer ungesicherten Spur von Glück, oder sagen wir: Hoffnung.» (S. 246)
Die «wahrscheinliche» Variante nimmt den Wunsch auf den Boden der Angst zurück. Eine bewaffnete Bürgerwehr, Mitglieder der «Aktion zur Sicherung der Schweiz», angeführt von den Leuten, die Rob schon einmal überfallen haben, verjagen die Gäste, räuchern den Bau der «Kommunistenschweine» aus, erschiessen Rob und Leni, die den Eingang ihrer Behausung bis zuletzt bewachen. An den Toten vorbei führt Blumer einen Verletzten, um

ihn zum Arzt zu fahren. Durch den Motorenlärm schreit der Mann ihm zu: «Aber wir machen doch weiter, du he! – wir machen doch weiter?»

«Wer ist dieser Walter»
Die Wirkung, die das Buch auslöst, ist unerwartet stark. Vor allem wird sein positiver Impuls aufgenommen, dem blutigen Ausgang zum Trotz, trotz der pessimistischen Kritik der Zustände, trotz den Montagehindernissen beim Lesen. Dass Hoffnungen belebt werden, die seit den Endsechzigerjahren im Schwinden waren, scheint genau den Erwartungen einer breiten Leserschaft zu entsprechen.
«Ich flippe auf Bücher, die das ausdrücken, was ich empfinde, aber nicht so gut, so präzise ausdrücken kann. Ausbrechen aus den Traditionen, etwas Neues, Anderes auf die Beine stellen, endlich ernst machen mit der Veränderung in politischer und menschlicher Hinsicht, das alles drückte ‹Die Verwilderung› für mich aus»[54]. Oder: «Kaum hatte ich mich eingelesen, war ich begeistert. Während ich die ‹Verwilderung› verschlang, durfte niemand etwas von mir wollen. Das traf genau meine Stimmung.»[55] Auch die Titel der Rezensionen geben das Signal weiter: «Utopie auf die Füsse gestellt»[56], «Diagnose und Hoffnung»[57], «Die Hoffnungen sind nicht überholt»[58], «Vision vom anderen Leben»[59], «Die Welt bewohnbarer machen»[60]. Durch die Schweizer Gewerkschaftspresse geht «Die Verwilderung» als «das Buch für die Achtundsechziger», und noch die «Solothurner Zeitung» registriert einen «Rest von Hoffnung oder ein Gelingen im Scheitern»[61].
Wiederum ist Otto F. Walter auch für gewichtige Kritiker wie Günther Blöcker «einer der ganz wenigen deutschsprachigen Autoren», denen gelingt, worum andere vergeblich ringen, der es mit den «Problemen unseres Hier und Heute» aufnimmt, Kollektives in seiner Wirkung auf Einzelschicksale verdeutlicht und doch das Individuelle zu «sinnlicher Präsenz» bringt, der trotz oder mit der Methode der Montage eine neue erzählerische Totalität erreicht,

einen hochaktuellen politischen Roman und zugleich eine bewegende Liebesgeschichte[62].
«Die Verwilderung» wird gekauft und gelesen, sie hält sich lange auf den Bestenlisten, und sie wird in den einschlägigen Kreisen politisch diskutiert. Otto F. Walter ist über Monate mehrmals wöchentlich zu Diskussionen und Lesungen geladen. Was ihm auf der bürgerlichen Seite weitgehend fehlt, dass die politischen Anstösse seines Buches ernstgenommen würden, wird ihm unter Linken reichlich zuteil. Die kritische Auseinandersetzung macht hier auch nicht beim Werk halt, sie bezieht die Person des Autors mit ein. Warum ist einer, der an Veränderung so sehr interessiert ist, nicht aktiv als Politiker tätig? Warum engagiert er sich nicht in der POCH oder in der PdA? Warum in der Sozialdemokratischen Partei, der auch eine Emilie Lieberherr angehört, die auf einen Selbstverwaltungsversuch der Zürcher Jugend mit Polizeieinsätzen antwortet? Warum lebt er selbst nicht in einer alternativen Wohn- und Produktionsgenossenschaft? Und wenn die Fragen zur Person am Ende sind – immerhin kann der Befragte entgegenhalten, dass er am Pfingstmarsch dabei war, dass seine Rede an der grossen Schlusskundgebung begeistert aufgenommen wurde; immerhin ist er ein kritisches Mitglied der Sozialdemokratischen Partei, er hat sich zusammen mit vier anderen für die Arbeit am neuen Parteiprogramm zur Verfügung gestellt, und er wird auch dort Selbstverwaltung auf allen Ebenen als zentrale Zielvorstellung verteidigen –, wenn er deutlich machen kann, dass er sich seit seiner Rückkehr in die Schweiz auch aktiv politisch betätigt und öffentlich einmischt, dann kehren die Fragen wieder zum Werk zurück: Warum macht er dann überhaupt noch Literatur? Warum verliert er seine Zeit mit Worten und Denkanstössen, von denen er nicht weiss, ob ihnen je Taten folgen werden?
Otto F. Walter bekommt mit Leuten zu tun, die es wissen wollen. So willkommen ihm dieses Interesse ist, es drängt ihn bald einmal in eine neue Verteidigungshaltung. Wenn

er gegen die rein ästhetisch urteilenden Betrachterinnen und Betrachter einwandte, dass sein Buch auch politisch zu diskutieren wäre, so muss er jetzt betonen, dass es Literatur sei, obwohl es gesellschaftspolitische Fragen aufwerfe, und Literatur sei eben kein Vehikel für politische Auffassungen. Auch Montage und Utopie sind für ihn Methoden des Fragens, sie können nicht Lösungen mitliefern.

Ein Paradebeispiel für die direkte Art der Konfrontation ist der bereits zitierte Artikel in der Leserzeitung: «Pfadfinder im SP-Gestrüpp». Ingrid Textor und Daniel Wiener, beide mehr an Taten als an Worten interessiert, obwohl journalistisch tätig, suchen den Autor auf und stellen ihre Überlegungen seinen Antworten gegenüber. «Ich wollte wissen: Wer ist dieser Walter, der einerseits Bücher schreibt über subkulturelle Lebensgemeinschaften und zugleich am neuen Parteiprogramm einer Bundesratspartei mitarbeitet? Da liegt doch ein Widerspruch.»

Der sonnige Nachmittag vor Walters Einfamilienhaus in Oberbipp inmitten ländlicher Idylle vertieft das Unbehagen: Hier macht sich einer zum Sprachrohr einer Gruppe, der er gar nicht angehört und nie anzugehören gedenkt. Bezeichnend ist seine Erklärung, Literatur markiere die «ungeheure Distanz zwischen Wunsch, Vorstellung und Wirklichkeit». So redet einer, der selber nicht drinsteckt in den Kämpfen, die er beschreibt. Daniel Wiener kommt zum Schluss, Walters Literatur sei ebenso blosses Programm wie seine politische Arbeit, und er fragt sich, «was Walters Worte nützen, solange der Autor selber vom Kampf für die konkrete Utopie abgehalten wird». Ingrid Textor ist am Ende überzeugt, durch den pessimistischen Schluss wirke die «Verwilderung» lähmend. Beide finden sich in der Feststellung, eines habe ihnen Walters Buch immerhin klargemacht: «Isolierte Wohn- und Produktionsgemeinschaften sind zum Scheitern verurteilt. Es ist unsere Aufgabe, diese Lebensform weiterzuentwickeln und existenzfähig zu machen»[63].

Solche Reaktionen zeigen deutlich, dass es der «Verwilderung» weniger durch ihre kritische Darstellung der Schweiz, als vielmehr durch das utopische Moment, den Entwurf einer Gegenwelt, gelungen ist, den Bannkreis des «nur» Literarischen zu durchbrechen. Das Bedürfnis nach positiver Identifikation ist mächtig, nicht nur bei der neuen Generation von Aussteigerinnen und Aussteigern, auch bei den Achtundsechzigern, die mitansehen mussten, wie das Bestehende ihre Radikalangriffe schadlos überstand. So mächtig, dass manche die Differenz von Roman und Wirklichkeit übergehen, das Hypothetische der Fiktion für faktisch nehmen und schliesslich für das Scheitern des Versuchs die pessimistische Einstellung des Autors verantwortlich machen.

Behaftbare Hoffnung
Die Gefahr, mit der Ausrichtung auf eine positive Utopie zu einem oberflächlichen Gebrauch seiner Texte zu verführen, hat Otto F. Walter nicht sehr beunruhigt. Offensichtlich übt die Idee, Literatur habe sich um ihre gesellschaftliche Funktion zu kümmern, soviel Faszination aus, dass Bedenken dagegen kleinlich erscheinen. Die Vorstellung einer «nützlichen» Literatur, mit der sich schon die Kursivtexte der «Unruhen» befassten, konkretisiert sich während der Arbeit an der «Verwilderung» und kommt pointiert zum Ausdruck in dem Referat, das er am 4. Symposium des Schweizer Schriftsteller-Verbandes in Solothurn hält, unter dem Titel «Literatur in der Zeit des Blindflugs»[64]: «Ich plädiere für eine Literatur, die sich befragen lässt, was sie denn noch beizutragen habe in dieser (...) lautlosen Katastrophe. Für eine Literatur, die sich befragen lässt auf ihren Nutzen für alle im Namen der Befreiung. Eine Literatur, die in ihrem inhaltlichen Material und in ihrem Formencode die Haltungen vormacht, denen nachzuleben sie nahelegt[65]. Die ganz dicht an die Katastrophe herangeht. Die das Risiko der Benennung Kräfte, die uns bestimmen, auf sich nimmt. In deren Zei-

chenwelt ich die Angst, die Resignation vor der Fremdbestimmung ebenso wiedererkenne wie die Sehnsucht nach der Befreiung.» Angst und Sehnsucht, Fremdbestimmung und Befreiung sollen aber nicht zeitlose Chiffren sein, nicht allgemeinmenschlich trösten, sondern sich mit präziser Information ausstatten, sich der Anstrengung unterziehen, «den Zusammenhang zwischen einer, sagen wir, Diskontsatz-Senkung und der Impotenz im Schlafzimmer der Madame Bovary, Typ 78, zu erkennen». Legitim und damit auch behaftbar ist in der Zeit des politischen Blindflugs über den «point of no return» nicht irgendwelche Literatur, sondern eine, «die den Mut hat, informiertes Warnsystem zu sein, die aber ebenso fähig ist, zum Entwurf von Gegenwelten. Eine Literatur, die jenen ungezählten Zerstörten, Verstörten, Versteinerten, Verstummten im Land ihre Stimme leiht und deren Verelendung im Wohlstand ebenso glaubwürdig artikuliert wie ihre Hoffnung».
Das thesenhafte Referat findet grossen Anklang. Es überzeugt vor allem deshalb, weil ihm anzuspüren ist, dass die programmatische Beschränkung der künstlerischen Freiheit für den Autor selber eine Beschränkung, eine Art Notprogramm für die eigene Schreibarbeit bedeutet. Zehn Jahre früher hätte er ein «Soll» in dieser Form abgelehnt, obwohl auch damals schon deutlich wurde: Literatur hat nicht die Unendlichkeit für sich, sie ist an Zeit, an Gesellschaft gebunden, sie gibt dem Verdrängten eine Gestalt und wendet sich damit gegen die Verhältnisse, denen es zum Opfer fiel. Was sein Programm aber heute wie damals nicht meint, ist ein traditionell arbeitender Realismus, der schlicht darstellen könnte, wie es ist und wie es werden soll. Er ist unbrauchbar geworden, weil es die Weltordnung, für die sein klassischer Sprachkanon Subjekt-Prädikat-Objekt genügte, nicht mehr gibt. Ebensowenig reduziert das Programm Literatur auf einen inhaltlich bestimmbaren Nutzen. Auch jetzt noch versucht Otto F. Walter die literarische Qualität in einer Sphäre anzuset-

zen, wo Inhalt und Form, Zeichen und Bedeutung, Stil und Aussage nicht zu trennen sind. Ein literarischer Text kann nicht in gleicher Weise wirken wie ein agitatorischer Appell. Sein Material und sein Formencode zusammen machen bloss «Haltungen» vor, nicht Verhaltens- und Handlungsweisen. Auch Ängste und Hoffnungen breitet er nicht unvermittelt aus, er gibt ihnen durch seine «Zeichenwelt» Gestalt; und er gibt nicht von selbst Antworten und Beweise, er muss «befragt», das heisst wohl: analysiert, interpretiert werden.

Genau besehen hat Otto F. Walter damit seinen ehemaligen Standort nicht verlassen, sondern ihn nur den krisenhaft veränderten Bedingungen entsprechend modifiziert. Wiederum begibt er sich genau an die Konfliktstelle zwischen einer literarisch-allgemein-menschlichen und einer direkt politisch interessierten Auffassung, und wieder sucht er nach einer Position, die diesen Gegensatz überwindet, auf die Gefahr hin, gerade bei denen kein Gehör zu finden, denen er sich politisch inzwischen zugehörig fühlt. Dieselben Leute, denen die «Verwilderung» bereits nach der ersten begeisterten Lektüre veraltet vorkam, dürfte auch der theoretische Anspruch, Hoffnungen der Katastrophe auszuliefern, nichts als langweilen.

Schreiben und Leben sind auch für den Autor des «Blindflug»-Referats unterschiedliche Dinge. Behaftbar ist der Text, nicht der Verfasser. Behaftbar im Sinn eines verlässlichen Signals für Gefahren und Chancen. Wenn die «Unruhen» durchblicken liessen, Handeln könne «gegen das hier» mehr ausrichten als Schreiben, so ist jetzt wieder die Gewissheit spürbar, schreibend seien Einsichten und Erkenntnisse zu gewinnen, die anders nicht zu gewinnen wären, und sei es die Einsicht in den Zusammenhang zwischen einer Diskontsatz-Senkung und der Impotenz in einem bürgerlichen Normschlafzimmer. Neu ist die dezidierte Forderung, nicht nur das schlechte Bestehende zu widerlegen, sondern nach den Spuren des Neuen zu suchen, das Verzweiflung in Hoffnung umschlagen liesse und den «Zerstörten» und «Verstummten» eine andere Haltung nahelegen könnte als die der Resignation.

Ungesicherte Spur
Programmatische Äusserungen eines Autors führen leicht dazu, seine Texte als stimmige Belege des Programms und umgekehrt, das Programm als abrundende Klärung der Text-Intention anzusehen. Es ist wichtig, den Text dabei nicht zu kurz kommen zu lassen und auch die Differenzen, die sich aus dem Vergleich ergeben, nicht zu übersehen. Auch die «Verwilderung» ist nicht widerspruchsfrei mit den Forderungen des Blindflug-Referats in Einklang zu bringen. Ein Dilemma zwischen Anspruch und Realisierungsmöglichkeit wird besonders offensichtlich: Eben jene, denen die geforderte Literatur «ihre Stimme leiht», werden kaum unter der Leserschaft der «Verwilderung» sein, obwohl umgekehrt auch die Befürchtung nicht zutrifft: «Mein Idealleser? Sollte er diesmal nur wieder allein der raffinierte Insider sein?» (S. 105). Gerade die engagiertesten Stellen des Referats, besonders die pathetische Wendung vom «Nutzen für alle im Namen der Befreiung», werden durch kritische Fragen aus dem «Skizzenbuch» auf eine höchst indirekte, interpretationsbedürftige Beziehung zurückverwiesen. «Im Namen wovon bin ich auf der Seite der nicht Angepassten? (...) Im Namen wovon wäre ich legitimiert, einen Neunzehn-, einen Zweiundzwanzigjährigen zur radikalen Opposition zu ermuntern? Im Namen eben jener Entfremdung, die uns kaputtmacht? Gut, ja. Praktisch kommt das aber auf die Platitüde heraus: Los, los überwinde jetzt schön die Entfremdung. Das reicht ja wohl nicht.» (S. 19)
Die Gefahr, beim leeren Appell zu landen, besteht nicht nur für den Praktiker, sie besteht viel mehr noch für den Literaten. Und hier, als Autor, ist Otto F. Walter nicht der Versuchung erlegen, sich die Arbeit des Gestaltens durch Appelle zu erleichtern. Auch wenn er seinen Versuch, Utopisches im Jammers der siebziger Jahre anzusiedeln,

als einen Akt der Solidarität mit den Nichtangepassten versteht, literarisch legitimiert hat er ihn nirgends durch Hinweise auf eine direkte Nutzanwendung, sondern einzig durch das, was er damit in der «Zeichenwelt» seines Romans ausrichtet. Betrachtet man die «Verwilderung» aus der Optik des Benjamin-Aufsatzes, auf den er im Referat anspielt, so wird klar, dass er als Schreibender ein Gebot Walter Benjamins sehr wohl beachtet hat, obschon er es in seiner Rede vor Kolleginnen und Kollegen nicht erwähnt: «Ein Autor, der die Schriftsteller nichts lehrt, lehrt niemanden»[66]. Haltungen vormachen, denen nachzuleben wäre, «kann der Schriftsteller nur da, wo er überhaupt etwas macht: nämlich schreibend»[66]. Die literarische Tendenz zur Utopie hat also nicht nur die realen Verhältnisse gegen sich, nicht nur das Gewohnheitsrecht der Alltagssprache zu überwinden, sondern auch die literarische Tradition, die Gewohnheitsrechte des kreativen Umgangs mit Sprache. Der Abstand von den literaturgewohnten, sprachmächtigen Adressaten zu den «Verstummten», auf die sich der Akt der Solidarität beziehen möchte, scheint unermesslich; er ist aber nichts anderes als ein Mass für die reale Entfremdung.

Die Haltung, die methodisch-formal der inhaltlichen Tendenz angemessen ist: gegen das Erstarren im status quo der Unfreiheit, realisiert sich für Otto F. Walter durch Montage. Ausdrucks- und Kampfmittel in einem, geeignet, «den Rhythmus dieser Jahre» hereinzuholen und zugleich gegen eine literarische Tradition des Einverständnisses zu rebellieren, ist sie in der «Verwilderung» konsequent weiterentwickelt im Sinn eines Bruchs mit dem traditionellen Kreativitätsvorrecht des Schreibenden gegenüber den Lesenden. Um zu betonen, dass Montage im Roman, ähnlich der Verfremdung auf dem Theater, «kreatives Lesen» freisetzen soll, bezieht sich das «Skizzenbuch» auf eine Stelle bei Irmtraud Morgner, vergleichbar dem Tinguely-Motto der «Unruhen»: «Das Genre (des Montageromans) baut auf die Kreativität des Lesers.» (S. 170)

So macht der Autor in dem Bereich, für den er zuständig ist, schreibend, auch Haltungen vor, die den Abstand zwischen ungleichen Partnern verringern, zwischen ihm, dem privilegierten Produzenten, der sich ein Spiel mit Buchstaben immerhin leisten kann, und den durch ideologische Tradition zur Rezeptivität verurteilten Konsumentinnen und Konsumenten. Dass er mit dieser Annäherung nur einen Impuls geben, dass er nicht den ganzen Weg der Entfremdung zurückgehen, sozusagen zu den Zerstörten und Verstummten gelangen kann, sondern nur zu anderen Privilegierten, die sich kreatives Lesen immerhin leisten können, das ist nicht ihm und nicht dem Text, sondern den Verhältnissen anzulasten.

Wie der methodische Ansatz, die experimentierende Montage, nur impulsweise angeben kann, in welcher Richtung die Lösung des Widerspruchs läge, so kann auch die «Gegenwelt» nur als «ungesicherte Spur von Glück» sichtbar werden. Die «Verwilderung» ist nirgends darauf aus, ihren Leserinnen und Lesern Parolen und Sentenzen mitzugeben, Urteile und Schlüsse abzunehmen. Selbst wo sie etwas «nahelegt», mahnt sie zur Vorsicht, unterbricht und hält auf Distanz. Das Utopische teilt sie uns mit durch die Art und Weise, wie die Versuchsanlage mit der Struktur des Widerspruchs spielt, wie sie Figuren und Ereignisse zwischen den Gegensätzen von Angst und Hoffnung, Glück und Katastrophe hin- und herbewegt. Sie führt uns dadurch vor Augen, wie vom Wirklichen ins Mögliche überzusetzen wäre, hier und heute, in Jammers und überall: Für einen Schritt über die Grenze braucht es keine Flügel, sondern etwas Mut und Wissen um die Gefahren; den Anfang des Neuen setzen nicht Baggerschaufeln; ein Wink, ein Wort, eine Geste der Zärtlichkeit kann das Gewicht von Jahrtausenden für Augenblicke aufheben.

Die Widersprüche bleiben, drinnen wie draussen, in den Verhältnissen wie in den Subjekten, die alten Zwänge binden das Neue zurück. Aber die versuchsweise in Gang gesetzte Geschichte bringt es zustande, ihren Bann zu brechen, hier und dort und nochmal; und mit jedem Gewaltakt gegen das Neue entlarvt das Alte sich selbst: eigentlich hat es ausgedient.

Selbstverwaltung
Schreibend gewonnene Einsichten, literarisch vermittelte «Haltungen» sind eines, politische Alltagspraxis etwas anderes. Auf diese Differenz legt Otto F. Walter immer noch Wert. Gleichwohl: nie zuvor oder danach war beides für ihn so nah beieinander wie in diesen späten siebziger Jahren, nie zuvor war er in beiden Bereichen gleichzeitig mit so viel Zuversicht tätig. Was in der Figur Blumers angedeutet ist, der neuen Halt findet, Spuren von Hoffnung in einer Unheilswelt, der auch als Journalist ein neues Selbstbewusstsein findet – er wird nicht mehr schreiben über, sondern melden von dem, was vor sich geht –, das gilt ein Stück weit auch für den Autor. Auch er entdeckt in diesen Jahren, dass Neues möglich ist. «So schnell, nach 68, bin ich nicht mehr bereit, an Wunder zu glauben. Dennoch werde ich immer gleich wach, wenn von Utopie, von Gegenentwürfen die Rede ist. Liegt dann gar überprüfbar, anfassbar Beweismaterial dafür vor, dass die Utopie machbar, realisierbar ist, wird's, mein' ich, spannend. Was meinst Du? Seit rund zehn Jahren bereits beweisen einige der heute existierenden Selbstverwaltungsbetriebe, dass die Utopie Selbstverwaltung lebbar ist»[67].

Das Prinzip Selbstverwaltung ist eminent geeignet, den Bruch zwischen Individualität und kollektiver Struktur zu überwinden oder zumindest eine Perspektive zu entwickeln, in der sich beide, Einzelne und Ganzes, zusammensehen lassen, der Selbstbezug der Individuen den Bezug zum Ganzen wiederherstellt. Männer und Frauen nehmen ihr Leben selber in die Hand, entscheiden und lösen gemeinsam, was sie gemeinsam betrifft, nicht ziellos und naturwüchsig, sondern innerhalb eines – je nach den gesellschaftlichen Bedürfnissen veränderbaren – demokratisch entwickelten Rahmenplanes. Die Beispiele selbstverwalteter Gemeinschaften, die Otto F. Walter aus eigener Anschauung kennt, etwa die 1973 gegründete Genossenschaft «Kreuz» in Solothurn, zeigen, dass die Eindimensionalität, an der die Industriegesellschaften kranken, in der Selbstverwaltung ausgeschlossen ist. Jeder Schritt wirkt sozusagen in zwei Richtungen integrierend, er tangiert den üblicherweise vom Ökonomischen abgeschotteten Privatbereich: er verändert die Einstellung zu Familie, Sexualität, Konsum, und er tangiert den Bereich des politischen Handelns: die Forderung, dass Betroffene die Entscheidungen fällen sollen, sagt der unausgewiesenen Macht den Kampf an und entlarvt korrupte, scheindemokratische Mechanismen.

Selbstverwaltung ist aber für Otto F. Walter auch noch in anderer Hinsicht ein Zauberwort. Sie bringt einen für ihn ganz elementar menschlichen Anspruch auf einen Nenner, auf dem er politisch praktikabel, realisierbar erscheint: den «tief verschütteten, aber nicht disziplinierbaren, anarchischen und elementaren Urwunsch in uns, unsere eigene Welt gemeinsam zu gestalten»[68].

Die unerwartete Nähe von Wunsch und Wirklichkeit, die Erfahrung, dass Utopisches greifbar, «jetzt» das bessere Leben möglich wird, ist wohl auch ein Grund dafür, dass «Die Verwilderung» so zündend wirken konnte. Die Nähe wirkt stimulierend. Im eben zitierten Text – es ist ein Gebrauchstext in Briefform, verfasst als Einleitung des Bandes «Inseln der Zukunft? Selbstverwaltung in der Schweiz» – belehrt der suchend-hoffende Genosse Walter junge Leute, dass Gegenmacht weltweit gewaltig wachse, trotz der «ungeheuerlichen Härte des Widerstands, des faschistischen, dagegen»[69]; dass das Netz zwischen den paar Dutzend Selbstverwaltungsbetrieben allein in der Schweiz immer fester geknüpft werde. «Sie haben angefangen, in die Öffentlichkeit zu gehen und in Kulturprogrammen auch nach aussen hin sichtbar zu machen, wogegen und wofür sie sind. Längst sind sie verbunden mit der Frauenbefreiungsbewegung, mit Linksparteien, als erste Basen für die Bewegung aller, die entschlossen sind, mit der Umwandlung unserer Bedingungen heute anzufangen. Dass viele von den Leuten, die darin arbeiten, zusammen auch leben und wohnen, verdoppelt den Gegenmacht-Effekt»[70]. Ob sie gewusst habe, fragt er die Adressatin seines Briefes, dass in Frankreich und Italien die Forderung nach Selbstverwaltung unüberhörbar geworden sei, dass die sozialdemokratische Partei der Schweiz ein neues Programm ausarbeiten lasse, dem das Prinzip der Selbstverwaltung zugrunde liege. Die basisdemokratische Alternative zum Kapitalismus werde in Europa allmählich konkret.

Der Politiker Otto F. Walter schlägt sich damit ganz auf die Seite des Wunsches. Und tatsächlich ist die Zeit nicht ungünstig dafür, neue Interessen zum Ausdruck zu bringen. Das zeigt sich unter anderem auch darin, dass die Linke vermehrt Schriftsteller als Wahlhelfer und Redner an Veranstaltungen einsetzt. Mit ihrer Fähigkeit, die Dinge neu, anders, adäquat zur Sprache zu bringen, sollen sie offensichtlich neue Schichten und Gruppierungen ansprechen, neue Ideen und Kräfte mobilisieren. Diese Tendenz ist im deutschsprachigen Raum allgemein feststellbar – in Frankreich hat die Verbindung von Kultur und Politik ohnehin Tradition –, typisch dafür ist auch die Zusammensetzung der Programmkommission, in der Otto F. Walter mitarbeitet. Die Geschäftsleitung der SPS hat 1977 gleich zwei Schriftsteller eingesetzt, Peter Bichsel und Otto F. Walter, später kommt noch Rolf Niederhauser dazu, neben zwei Politologen und einer Frau[71]. Die Gruppe wird mit dem kühnen Auftrag versehen, den «Bruch mit dem Kapitalismus» programmatisch vorzubereiten. Ihre Arbeit wird zunächst wohlwollend, dann mit wachsendem Misstrauen verfolgt. Nach dreijähriger Arbeit geht der Entwurf zwar samt Otto F. Walters mehrstrophigem Vorspruch «Die Mächtigen schlafen schlecht...» gedruckt in Vernehmlassung, die Leitidee der Selbstverwaltung wird dankend zur Kenntnis genommen, dann aber zur Ausarbeitung und Anpassung an die Gegebenheiten den Pragmatikern übergeben. 1980/81 ist die Gunst der Zeit dahin, die Angst vor dem Neuen bereits wieder grösser als der Mut, es zu wagen.

Als politischer Vorredner auf der Seite der «nicht Angepassten, der Rocker, der Säufer, der Nepalpilger, der Jointies, der Rektoratsbesetzer, der Konsumverweigerer, der Psychotiker»[72)] hat Otto F. Walter immer wieder versucht, mit den Wünschen so weit wie möglich in die Wirklichkeit vorzudringen und die Inhaber der Macht zu einer Antwort zu provozieren. Dass er dabei mitunter die Chancen überschätzt hat, ist das Risiko jeder Überlebensstrategie. Als Autor dagegen muss er die Antworten auf die sprachlich veranstaltete Provokation selber aufspüren und mitveranstalten. Und gerade im Interesse der Wünsche kann er die Kollision von Wunsch und Realität nicht hart genug ausfallen lassen. So wird die «Verwilderung» nicht nur als Ermutigung, sondern, wie schon die «Ersten Unruhen», auch als Warnung noch lange aktuell bleiben: Das System, in dem wir leben, wird sich beeilen, jeden unserer Wünsche zu erfüllen, um nur den einen nicht erfüllen zu müssen, den «Urwunsch in uns», Männern, Frauen und Kindern, unsere Welt gemeinsam und gleichberechtigt zu gestalten. Wo immer er seine undisziplinierbare Lebendigkeit beweist, in den Unruhen der Jugend, in der Besetzung von privatem und öffentlichem Gelände, in Zürich, Winterthur, Gösgen, Solothurn, Bern, er mag sich noch so klein machen, ein autonomes Jugendzentrum fordern, einen winzigen Freistaat «Zaffaraya», eine Unterkunft für eine obdachlose Gemeinschaft wie das «Gärtli» in Solothurn – *dieser* Wunsch darf offensichtlich nicht sein. Er wird regelmässig im Keim erstickt und mit exemplarischer Härte bestraft.

«WIE WIRD BETON ZU GRAS. FAST EINE LIEBESGESCHICHTE»

Das Mögliche
«Behaupten, so war's. Nein. Das Mögliche beschreiben[73].» (S. 89). Deutet die Selbstkorrektur an, dass der utopische Schwung gebrochen, das behauptete Neuland wieder aufgegeben ist? Der Titel der Erzählung lehnt sich an die Bewegung grüner, basisdemokratischer Gruppen, er erinnert von fern an die Entdeckung des Pariser Mai, dass unter dem Pflaster der Strand liege, aber er nimmt immerhin gegenüber der Liedzeile, die er zitiert, eine Verschiebung vor. «Wie git's us Beton widr Gras?» sangen die AKW-Gegner vor Gösgen, Otto F. Walter lässt das «widr» fallen und legt dadurch den Akzent mehr auf das Zukünftige. Nicht was war, soll wieder werden, sondern: Wie könnte aus dem toten, künstlichen Lebensraum ein natürlich lebendiger entstehen, ist seine Frage. Das Neue soll anfangen, das Alte soll untergehen. Aus dem utopischen Ansatz der früheren Werke, dass alles anders werden soll, Helden und Heldinnen ihr Leben in die Hand nehmen und neu anfangen, ist ein Leitmotiv geworden.
Ungewöhnlich rasch hat Otto F. Walter diese jugendlich geprägte Geschichte geschrieben, vom Sommer 1978 bis zum Januar 1979, ungewöhnlich direkt nimmt er Bezug auf zeitlich und örtlich Naheliegendes. Der regionale Erzählrahmen ist zwar gewahrt, aber die realen Ortsnamen, vor allem der AKW-Standort Gösgen, haben diesmal das fiktive Jammers verdrängt. Unterbrechende Äusserungen des Erzählers fallen sparsam aus, auf Montage verzichtet der Autor ganz.
Esther, kaum achtzehn, ist mit ihrem Freund am 2. Juni 1977 mit dabei an der Demonstration gegen das AKW Gösgen. Nicht aus politischen Gründen, einfach so, weil Freunde und Bekannte auch mitgegangen sind. Abends an den flackernden Feuern, bei Gesprächen, kommt die Idee auf, das sei das Neue, dass sie hier, fremde Leute, so friedlich beisammensässen, als wären sie Freunde, dass sie

ohne Chefs und Anführer sich besprechen und entscheiden könnten. «Und wenn das das Neue ist, sagte jemand, und es ist's, dann sind diese Polizeikordons und diese Wasserwerfer und Tränengasgranaten und Gummiknüppel vom frühen Abend heute das Alte, das Uralte. Und wieder eine Frau: Und die Interessen, die dahinter stehn, sind's auch. Und wieder einer: Ja, das Neue.» (S. 19) Weil aber das Alte stärker ist und auf seiner Macht beharrt, muss dem Neuen nachgeholfen werden. Es kommt nur, «wenn wir es praktizieren. Wenn wir die Sprache finden dafür. Aktionen. So wie hier. Zeichen überall, eine Sprache durch Zeichen, die alle verstehen. Überall.» (S. 20)
Für Esther ist das heiter gelöste Zusammengehörigkeitsgefühl so neu nicht, eher eine Bestätigung einer Erwartung, an der sie bisher kaum zweifelte: So werde eines Tages das Leben sein, so selbstverständlich. Am nächsten Morgen wird ihr klargemacht, wie die Wirklichkeit aussieht. Die symbolische Besetzung der Zufahrten zum AKW-Gelände kommt nicht zustande. Polizeikolonnen mit Tränengas, Gummigeschossen, Wasserwerfern – über zwölfhundert Mann sollen im Einsatz sein – treiben die Demonstrationszüge zurück, in- und gegeneinander. Blind vom Gas und vor Angst fliehen Hunderte, Tausende da- und wieder dorthin.
Von diesem Tag an ist Esther merkwürdig verwandelt. Menschen und Vorgänge um sie, auch Erinnerungen an weit zurückliegende Kindheitserlebnisse wecken in ihr eine zuvor kaum gekannte Angst, als hätte eine fremde Gewalt von allem Besitz ergriffen. Das Gesicht des Vaters, seine Wut über das «Pack» der AKW-Gegner, der «kernige Sound» der Stimme des Berufsschullehrers, seine Erfolgsrezepte für den Konkurrenzkampf, das Schulterklopfen und die Schnapsfahne des Vorgesetzten in der Bank, dazu sein Vorschlag, starkstrombewachte Konzentrationslager für AKW-Gegner einzurichten, auch das Umschlagen der Zärtlichkeit im Liebesspiel in Angriff, Kampf, all das gerät für sie gefühlsmässig in Beziehung zu jenen Männerge-

sichtern hinter den dunklen Visieren der Polizeitruppen, drückt etwas Fremdes, Allgemeines aus, das «auf Angriff, Kampf, auf Krieg, auf Vernichtung aus war». (S. 34) Schutzlos ist Esther ausgeliefert, ihr ist, als habe sie keine Haut mehr.
Neue, unerwartete Ereignisse kommen dazu. Ihr älterer Bruder Nik, von Beruf Lehrer, ist an der Demonstration fotografiert worden und gross im Tagblatt zu sehen als «Demonstrant, ein Gummigeschoss zurückwerfend» (S. 65). Eine Protestresolution der Bürgerinnen und Bürger fordert vom Gemeinderat seine fristlose Entlassung. Niks Vater, Mitglied des Gemeinderates, beweist seinen Sinn für Ordnung und Demokratie dadurch, dass er die Forderung vorbehaltlos unterstützt. Auch bei Koni, Esthers jüngerem Bruder, macht sich eine Krise bemerkbar. Er, der Musteraufsatzschüler, kann seine Aufsätze nicht mehr in korrektem Schriftdeutsch abfassen. Alle paar Worte überfällt ihn ein Krampf, er kann nicht anders, als einen Ausdruck in der Mundart hinzuschreiben. Esther erinnert sich bei dieser Gelegenheit, dass er ähnlichen Widerstand beim Lesenlernen zeigte und mit welcher Strenge der Vater diese Sache ins Reine brachte, überhaupt, wie er die Dressur des Sohnes zur Männlichkeit an die Hand nahm.
Esther wird ihre neue Angst nicht mehr los, sie wird krank. In Fieberträumen kämpft sie gegen das Verschwimmen der Gedanken und Bilder, dazwischen rauschen Wälder und Wasserfälle.
Esther, eine «erfundene, erhoffte Figur» (S. 74), ist vom Erzähler in einen Zustand versetzt, der seiner Fiktion, seinen Behauptungen zugänglich und zugleich eine Konzession ans Wirkliche ist; ein Zustand, der das Mögliche ausdrückt. So gelingt, schrittweise vorbereitet, das Kunststück, dass am Ende verständlich beschreibbar wird, was zu Beginn der Erzählung als eine Ungeheuerlichkeit zurückgestellt wurde: dass die junge Frau, assistiert von ihrem jüngeren Bruder, einen von Rost halb zerfressenen Panzer

aus seinem Versteck im Unterholz heraussteuert, «Quer durch ein Stück Schweiz, unwahrscheinlich, ungeheuerlich, mitten im Vormittag» (S. 9).

Erfunden, erhofft, aber am Möglichen orientiert ist der Umstand, dass Esther nach der Polizeiaktion in Gösgen spontan an den Panzer gedacht haben könnte. Dass sie, die einzige Eingeweihte in Konis Geheimnis, sich erinnerte, wie er sie wenige Wochen zuvor zum ehemaligen Schiessgelände geführt, ihr das verrostete Ungetüm gezeigt hatte, das schief in seinem ausgeholzten Erdloch hing, abgesunken und längst wieder von Wald überwuchert; sich erinnerte, wie gut sie beide sich im Innern der Riesenmaschine fühlten, wo Koni sich gemütlich eingerichtet hatte. Später, im Fiebertraum mit dem Ohne-Haut-Gefühl, könnte Esther gebeten haben, man möge sie in den Panzer bringen. Koni, seinerseits in Versagerangst geraten, könnte sich vermehrt mit seinem Panzer beschäftigt, den Motor in Ordnung gebracht, die Kampftauglichkeit überprüft haben. Dann, vielleicht um die kranke Schwester aufzumuntern, könnte er ihr im Scherz einen Sonntagnachmittagsausflug vorschlagen. Esther, «überlaut, überhell», ihren Ängsten und der gespannten Stimmung im Haus ausgeliefert, fühlte endlich Mut, Kraft zum Widerstand in sich aufkommen, könnte gegen Morgen Koni aus dem Bett holen, mit ihm zum Panzer gehen und von da an wie unter Zwang ihre Aktion durchführen; besessen von dem einen Gedanken: «kundzutun, weithin und öffentlich, dass sie gegen das alles war, überlaut, überhell, was die Leute hier in H. und Karl erneut fortzusetzen im Begriff waren. Gegen das, wofür sie einfach noch kein präziseres als das allgemeine Wort ‹das Alte› hatte, worin alle anderen Wörter versammelt waren, Angst, Terror, Granaten, Unterdrückung, Stoppuhr, Sex, Männliches, Konsum, Gewalt, Beton, Gewalt.» (S. 127)

Nur, das Mittel, das sie wählt, um ein Zeichen des Widerstands zu geben, das alle verstünden, hat seine Kraft dem Alten entliehen. Das, «wozu dieser Panzer gedacht und gemacht worden war», dieses «fürchterliche und uralte, Gemisch aus Töten, Feuern, Siegen und jedenfalls Gewalt» (S. 126), treibt zur Eskalation. Esther, die ihre Aktion nicht abbrechen kann, weil sonst «sie oder das in ihr, was Seele heisst», kaputtginge (S. 127/128), muss sich der Eigendynamik dieses Mittels fügen. Quer durch die Stadt Olten lenkt sie die Fahrt, vorbei an der Menschenschlange, den Polizeikordons, durch eine Strassensperre und in die Mauerpfosten des Tagblattgebäudes.

«Das Mögliche. Das eben noch knapp Mögliche. Das Alte beschreiben und diesen gewiss wahnwitzigen Versuch, dem Neuen nachzuhelfen auf die älteste Tour.» (S. 126) Die Anweisungen, die der Erzähler sich selber gibt, erhalten hier, gegen das Ende zu, einen inständigen Unterton. Er lässt befürchten, dass das Mögliche sich verenge, dem Neuen verschliesse. Zwar hält es noch immer die Mitte zwischen Traum und Wirklichkeit, hält sich auch im Phantastischen an die technischen Einzelheiten der Panzerfahrt, jedoch was sich da tut, taxiert der Erzähler als Wahnwitz, es kann nur scheitern. Während Koni, zusehends vom Männlichkeitswahn überflutet, sich als Sieger fühlt, treibt Esther, die die Aktion begann, hilflos und beinahe sprachlos ihrer Vernichtung entgegen. Der Versuch, sich dem Sog des Alten auszuliefern, um von ihm loszukommen, war selbstmörderisch.

So hätte die erhoffte, erfundene Figur schliesslich den Erzähler überwältigt, sich in einer Weise selbständig gemacht, die ihn ratlos zurücklässt? Ein Nachtrag nimmt das Ende noch einmal auf und wendet es um: «Diese Geschichte von Esthers Liebe zur Freiheit aller Leute sich zum Ende, dem vorläufigen, neigen lassen mit dem Polizisten, der den gar nicht schweren Körper einer sehr jungen, vielleicht nur bewusstlosen Frau vor sich hertrug zum Ambulanzwagen hinüber.» (S. 141) Mit einer Bitte, ohne Punkt, bricht der Text ab: «he, Esthi, verwach –» Das bloss vorläufige Ende könnte ein Anfang sein. Die junge Frau, die hier erwachen soll, hätte die Gewalt des Alten exemplarisch, in ihrer «wahnwitzigen» Konsequenz durchlebt und dabei begriffen: Ein Teil dessen, was uns kaputt macht, sind wir selber, ist das in uns, was sich steuern lässt von etwas Allgemeinem, etwas Fremdem, das trennt und unterwirft und bevorteilt und überwacht und unseren «Urwunsch» zubetoniert. Was den Wunsch hinüberrettet, ist ein hauchdünnes Geflecht von Fragen, Bildern, Einsichten, festgehalten bis zuletzt. Die erhoffte Figur, die den Totalitätsanspruch der Gewalt widerlegt, kann in dieser Welt des Alten kein Mann sein, sie ist, vorläufig zumindest, weiblich.

«Fast eine Liebesgeschichte» wäre aus der Erzählung geworden. Das lässt an Romeo und Julia zurückdenken. Aber die Behinderungen der Liebe sind umfassender geworden. Nicht nur die widrigen Umstände des Schicksals, die kleinbürgerlichen Verhältnisse, die auf Besitzen konditionierten Psychen der einzelnen sind ihr im Weg, sondern die Allgegenwart des Alten hält sie umstellt. Esther erfährt in der Liebe zu ihrem Freund, zu den Brüdern, zu sich selbst und zur Freiheit aller Leute, wie die latente Gewalt jederzeit ausbrechen kann. Die Liebe bleibt angstbesetzt, solange es Herrschende und Beherrschte, Gewalttäter und Opfer gibt. «Antigone vom Lande» wäre laut einer Briefäusserung ein anderer möglicher Titel oder Untertitel der Erzählung gewesen. Otto F. Walter liess ihn fallen, vielleicht um nicht die Idee der Anleihe eines literarischen Motivs zu wiederholen, vielleicht auch wäre für eine neue Antigone zuviel an Umdeutungen nötig gewesen. Die antike Antigone bestattet, wie es Brauch und Sitte ist, ihren im Kampf gegen Theben gefallenen Bruder. Sie verstösst damit gegen das Gebot ihres Onkels Kreon, des Herrschers über Theben: Die Leichen der Feinde dürfen nicht bestattet werden. Der Mythos will Antigones Untergang, obwohl sie in unseren Augen als Hüterin des menschlich Besseren erscheint. Das Neue hingegen, dem er zum Durchbruch verhilft, sind die von männlichen Herrschern erlassenen Gesetze, vor ihnen haben Ver-

wandtschafts- und Liebesbeziehungen zurückzutreten. Kreons Sohn muss Antigone, seine Geliebte, bei lebendigem Leib begraben. Die Umkehr dieser Tendenz hätte wohl die «Antigone vom Lande» zu sehr belastet und den Rahmen der Erzählung gesprengt.
Zwei andere Hinweise hat Otto F. Walter dafür ausgewählt, die Widmung «für Dominique», seine zweite Frau – es ist die erste und bisher einzige Widmung, die er einem Text voranstellt, – und das Kleist-Zitat aus «Michael Kohlhaas»: «Er setzte hinzu, ob das wohl menschlich wäre?» Beides scheint zunächst beziehungslos in unterschiedliche Richtung zu weisen. Im Blick auf die Erzählung jedoch ergibt sich ein Zusammenhang: Kohlhaas, der Rebell aus verletztem Rechtsgefühl, der gerechte Gewalttäter gegen eine korrupte Macht, ist ein Signal für gesellschaftliche Ausweglosigkeit für eine Perversion der Verhältnisse, die denjenigen, der seine Rechte verteidigt, geradezu zwingt, zum Rechtsbrecher zu werden. Die Warnung gilt auch für die Schweiz der Endsiebzigerjahre. Aber Otto F. Walter gibt sich damit nicht zufrieden. «Für Dominique» liest sich deshalb nicht nur als freundliche Geste, sondern auch als Gegensignal: Dass diese Geschichte einer Frau gewidmet ist, zeigt an, in welcher Richtung eine nicht nur erhoffte und erfundene, sondern eine mögliche Zukunft läge.

Zunehmende Raumnot
Formal gesehen steht «Wie wird Beton zu Gras» am Ende eines experimentellen Spannungsbogens. Über weite Strecken dominiert ein traditionelles Erzählmuster. Auch inhaltlich macht sich ein Endbewusstsein bemerkbar, zumindest in einer Hinsicht: Der utopische Ansatz des neu Anfangens wird einerseits zu einem Leitmotiv erweitert, andrerseits von den handlungsbestimmenden Ereignissen in eine Enge getrieben, aus der kein Weg herausführt. Das mögliche Subjekt einer neuen Geschichte ist zwar angedeutet, aber es hat höchstens die Qualität eines Gegensignals für die gescheiterten Wünsche.

Wie die formalen Elemente, so erfährt auch die utopische Grundtendenz im Werk Otto F. Walters keine kontinuierliche Weiterentwicklung, eher folgt sie dem Muster von Entfaltung und Zurücknahme. Das wird augenfällig an den Besonderheiten der jeweiligen Raumanlage, in der der Autor das fiktive Geschehen ansiedelt. Schon im «Stummen» fiel auf, dass sich die Erzählung quasi fluchtartig aus dem Rahmen des Feststehenden löst und in ein Abseits begibt. Der Raum, in dem die entscheidenden Ereignisse der Gegenwartsebene stattfinden, ist zwar örtlich und zeitlich identifizierbar, er ist durch die Erinnerung des Stummen und durch den Bau einer Passstrasse auf Jammers und seine Umgebung bezogen, aber er stellt in sich einen zeitenthobenen, gigantisch unwegsamen Utopos dar, von dem bis zum Schluss ungewiss ist, ob er nicht endgültig abgeschnitten werde, rückwärts durch verrutschte Erdmassen, vorwärts durch einen Fels, der sich nicht sprengen liesse. Der Fortgang der Handlung ist jedoch von Anfang an darauf angelegt, die Abgrenzung zu überwinden. Indem es dem Stummen gelingt, einen Weg freizusprengen, gelingt es ihm auch, sich von der Übermacht des Vaters zu befreien und die Sprache wiederzufinden.

In der «Verwilderung», fast zwanzig Jahre später, bringt die Entgegensetzung zweier Lebensräume einen gesellschaftlichen Antagonismus zum Ausdruck. Hier die Blocksiedlung am Rand von Jammers, ein letzter Ausläufer des Spekulationskapitals, angrenzend eine Baulandwüste mit Spuren von gestrandeten Investitionen; dort, gleich dahinter, schwer zugänglich, die stillgelegte Huppergrube. Während im «Tourel» die Hauptfigur keinen festen Bezugsort fand, rastlos umhertrieb und in schlechten Behausungen unterschlüpfte; während sich in den «Ersten Unruhen» der Ort des Aussteigens, des Widerstands gegen die Allgegenwart des «Wir» nur vermuten liess, ist in der «Verwilderung» erstmals ein Ort entworfen, der den Keim einer neuen Welt enthält. Obwohl die Übermacht der alten Gesellschaft allein raumstrategisch klar ist, wird auch hier die Handlung auf Vermittlung, nicht auf Trennung angelegt. Die verkommene Grubenlandschaft soll kultiviert werden, das Beispiel der kleinen Gesellschaft soll über den Konflikt mit der Umgebung freundschaftlich hinausgelangen, soll schliesslich Schule machen. Wie schon im «Stummen» ist auch hier der abgeschiedene Raum ambivalent. Bald erscheint er als idyllischer Ort der Geborgenheit, bald wie eine Falle, ausgesetzt und von Gefahren umstellt.

Auch die Beton-Gras-Geschichte findet ihren Utopos. Wiederum ist er schwer zugänglich, aus Zeit und Zivilisation herausgefallen: ein abgesunkener, vergessener Panzer. Trotz der wohnlich eingerichteten Höhle in seinem Innern erscheint er in seinem Symbolwert so sehr dem Alten verhaftet und dem Neuen entgegengesetzt, dass die befreiende Aktion, deren Vehikel er wird, sich mit zynischer Zwangsläufigkeit ins Gegenteil verkehrt.

Die Verengung des Handlungsspielraums, das Paradox einer wohnlichen Panzerhöhle erinnern überraschend an Tourel, an seine verzweifelten Versuche, sich in gefängnisartigen Unterkünften frei zu fühlen. Vielleicht haben sogar Esthers gestammelte Rufe von der Höhe des Panzers herab, ihr missratenes Pathos vom «Veto des Volkes», das unverstanden im Gedröhn des Panzerangriffs untergeht, eine entfernte Gemeinsamkeit mit den Fetzen von Tourels letztem Geschrei über die «ganze Wahrheit». Dass ein Vergleich bei so grundverschiedenen Figuren und Erzählanlagen immerhin möglich ist, wird kaum Zufall sein. Otto F. Walter steht wiederum eine kritische Phase der Neuorientierung bevor.

*Otto F. Walters acht Schwestern. Rickenbach,
Ende der zwanziger Jahre.*

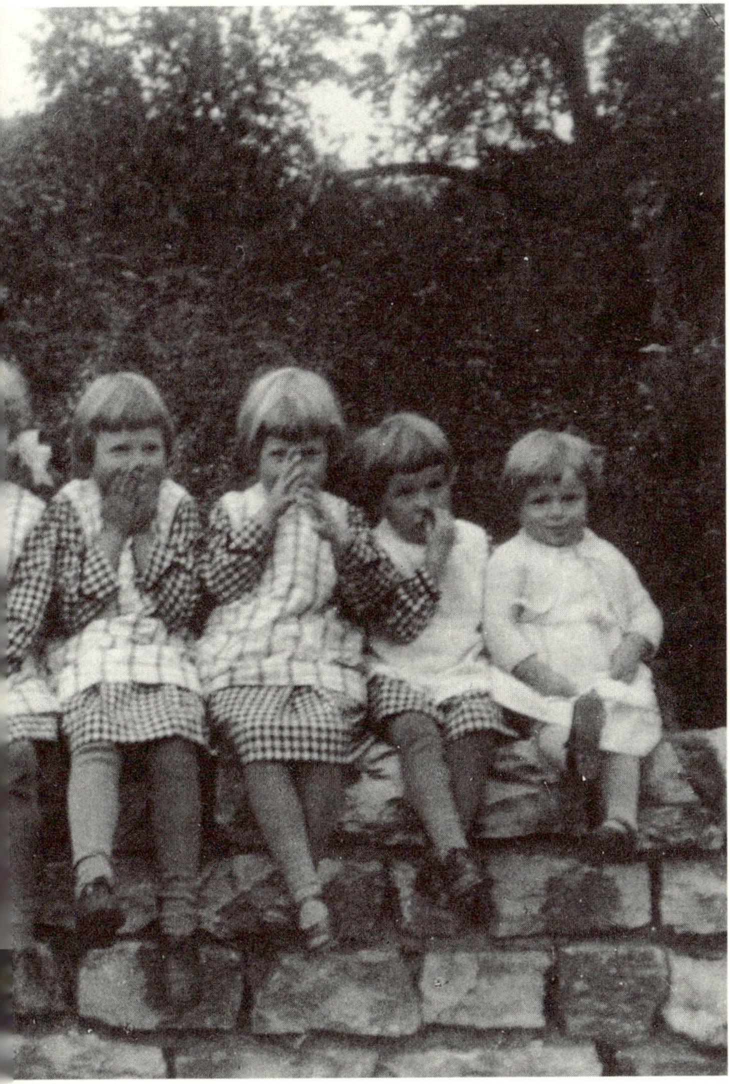

Otto F. Walter zu seiner Zeit als Lektor im Walter-Verlag.

Otto F. Walter mit Werner Düggelin in der Kronenhalle, Herbst 1965.

Im Kreise von Kollegen.
Rücken v.l.n.r.: Willy Schmid, (?), Gerda Zeltner,
Hermann Burger, Hugo Loetscher. Frontal v.l.n.r.: Otto Marchi,
Otto F. Walter, Jürg Federspiel, Peter Buri.

Otto F. Walter, Porträt,
um 1975.

Otto F. Walter an der Frankfurter Buchmesse, 1977.

Max Frisch und Otto F. Walter anlässlich der 8. Solothurner Literaturtage 1986.

Otto F. Walter als Redner vor 40000 Demonstranten und Demonstrantinnen («Tschernobyl»-Demonstration vor dem AKW Gösgen), 1986.

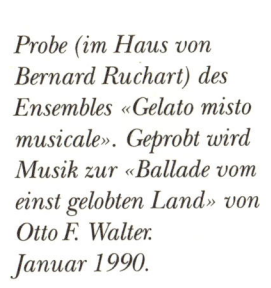

Probe (im Haus von Bernard Ruchart) des Ensembles «Gelato misto musicale». Geprobt wird Musik zur «Ballade vom einst gelobten Land» von Otto F. Walter. Januar 1990.

III DIE EIGENE STIMME

«DAS STAUNEN DER SCHLAFWANDLER AM ENDE DER NACHT»

«Als wäre alles wirklich»
Ein rätselvoller Satz in ungehaltenem Ton, mitten aus einem Selbstgespräch: «Weiss diese Frau nicht, dass man gewisse Worte nicht aussprechen darf? Kaum spricht man sie aus, ist das Unglück da.»[74)] Offensichtlich spricht einer, der nicht gestört werden will. Dennoch wünscht er sich Aufmerksamkeit: «Aber sie hört mir nicht zu, ich glaube, sie hört mir nicht zu.» (S. 5) Der Anfang des «Schlafwandler»-Romans. Welches Wort und welches Unglück soll gemeint sein? Ist der Redende überhaupt zurechnungsfähig? Er insistiert, dass er ein Rauschen höre, «etwas wie Glück» (S. 7), während seine Gäste nichts zu hören scheinen. Sie sind ganz anderer Fragen wegen gekommen. Ob er, Wander, resigniert habe, wollen sie wissen.

Die Anfangsfragen, die Verunsicherung der Lesenden, die sich ihrerseits fragen müssen, was sie denn da lesen, sind symptomatisch für diesen Roman. Der Autor Walter erfindet sich darin eine ihm verwandte Figur, den Autor Wander, der sich ebenfalls eine ihm verwandte Figur erfunden hat, den Journalisten und Autor Winter ... Fragen über Fragen durchziehen das ganze Buch und das Buch im Buch, Leserinnen, Leser, Freunde, Betroffene, Kollegen, Kritiker stellen Fragen, rhetorische, provokative, verfängliche, mutmassliche, hilfreiche; Wander selber scheint bisweilen nur noch fragend schreiben zu können. Bezeichnend ist, dass ein Journalist, der Otto F. Walter nach dem Erscheinen der «Schlafwandler» befragte, gesteht, er hätte bei der zweiten Lektüre den Eindruck bekommen, alle Fragen, die er Otto F. Walter im Gespräch gestellt habe, seien im Roman bereits vorweggenommen und beantwortet[75)].

Es sind aber nicht etwa die weltverändernden, aufs Ganze gehenden Hoffnungs- und Verzweiflungsfragen, die sich vordrängen. Sie tut Wander ironisch als «Riesenfragen» ab, ihm falle dazu nichts mehr ein (S. 9), sondern es ist zum Beispiel die Frage «was wäre, wenn», die Wanders Phantasie in Gang bringt, ihn fortträgt, irgendwohin, wo er sich fragend weiterhelfen muss: Was ist hier Erinnerung, was Erfindung? Was Wirklichkeit, was Traum? Wo er aber auch auf Fragen stösst, die andere ihm stellen, die seine Version der Wirklichkeit nicht teilen oder aber seine Fiktion gegen die Wirklichkeit ausspielen möchten. Fragen an Ort, die in die Enge treiben, und Fragen mit Zentrifugalkraft. Diesem Widerstreit ist Wander ausgeliefert, bald in der Ich-, bald in der Er-Form, bald mehr Kunstfigur als sein erfundener Winter, bald überraschend identisch mit dem Autor Otto F. Walter selber: Er ist wie dieser vierundfünfzig Jahre alt, er hat zwei Ehen hinter sich, hat seine Schwierigkeiten in der Liebe, war sieben Jahre lang in der Bundesrepublik, kann knapp von der Schriftstellerei leben.

Bisweilen erscheint das Ganze wie ein grossangelegtes Versteckspiel. Sobald Wander sich beim Wort genommen sieht, reagiert er abwehrend: «Ich bin längst woanders.» (S. 63) Oder: «Lasst den alten Mann draussen.» (S. 65) Oder: «Sie sollten sich hüten, Winter und mich zu verwechseln.» (S. 44) Dann wieder zeigt sich mitten im Spiel die Not: «Noch mal und wieder hin und her gehen in der Wohnung. Und wieder dieses Gefühl da, als strebe sein Wesen auseinander. Wie hiess das Wort? Zentrifugalkraft. Fliehkraft. Irgendwie so, als würde die linke Kopfhälfte dahin, die rechte Schulter, das linke Ohr da- und dorthin gezogen. Und sowie er sich in seiner Vorstellung wieder zusammensetzte, hatte er den Eindruck, viele Ich zu sein, viele, und je isoliert. Schreiben als Versuch, diese zentrifugale Tendenz umzukehren, sie aufzuheben. Sich wieder zu spüren als Ganzes. Aber selbst, wenn Wander versuchte, sich so wieder zusammenzudenken – irgend etwas, irgend-

welche Teile jedenfalls in ihm waren ihm irgendwann abhanden gekommen.» (S. 111)
Unüberhörbar sind, vor allem im ersten Teil des Romans, die Anklänge an den «Tourel»: Winter, Wanders Romanheld, heisst Kaspar, Wanders Wohnung befindet sich in einem Abbruchhaus in einem menschenleeren Sperrbezirk, die Stätte erinnert an Mohns Autofriedhof; die drückende Stille, darin das leise Kratzgeräusch schleichender Hunde, die herrenlos zurückgeblieben sind – Wander nennt sie Coyoten –, erinnert an die Stimmung in Tourels Bootshütte. Wander zeigt eine zwanghafte Neigung zum Selbstgespräch, zur Rechtfertigung, da und dort tischt er eine kleine Lügengeschichte auf, erfindet sich ein Gegenüber mit Fuchsgesicht; und vor allem geht er im Kreis, geht auf und ab wie ein Gefangener. Der Autor lässt ihn, während er stolz seine ökonomische Unabhängigkeit betont und Tagträumen nachhängt, die Kaffeetasse oder das Weinglas in der Hand, rastlos die zweieinhalb Zimmer seiner Wohnung abschreiten, den täglichen Gang zur Hauptpost hin und her gehen.
Gerade im Rückblick auf den «Tourel» zeigt sich aber auch ein markanter Unterschied. Dem Dickicht der Fragen, der Verständigungsnot, der Selbstzweifel steht ein ganz schlichter, ja simpler Handlungsverlauf gegenüber, dem vielgesichtigen Ich Wanders eine klare Liste von Angaben zur Person: «Bekannt also ist von ihm, dass er Wander heisst, Thomas, vierundfünfzig Jahre alt, zweimal geschieden, die beiden Söhne und die Tochter Lena sind erwachsen. Jahrzehntelang war er Journalist, in Basel, dann in Zürich, sieben Jahre lang als Korrespondent der Schweizer Zeitung in Frankfurt. Vor einiger Zeit ist er aus der Redaktion ausgestiegen; um sich einigermassen über Wasser halten zu können, schreibt er als ständiger freier Mitarbeiter Kolumnen für die Inland-Redaktion, für Thalmann, ab und zu einen längeren Beitrag fürs *magazin*. Zur Hauptsache aber fristet er sein Leben jetzt als freischwebender Schriftsteller. Sein bisher drittes Buch, der Roman

‹Ein Wort von Flaubert›, ist eben erschienen.» (S. 18) Dieser freischwebende Schriftsteller wird, zunächst gegen seinen Willen, verstrickt in eine Geschichte mit politischem Inhalt. Er bekommt Besuch von einer ersten Leserin, Ruth Moll. Er verliebt sich in sie. Sie versucht, ihn für die Mitarbeit bei einer Gruppe von Leuten zu gewinnen, die Daten und Analysen über den erschreckenden Stand der Dinge in Umwelt und Gesellschaft gesammelt haben und nun mit einem Aufruf an die Öffentlichkeit gelangen wollen. Widerstrebend hilft Wander schliesslich bei der Textredaktion, und er verspricht, sich bei der Schweizer Zeitung für eine Veröffentlichung einzusetzen. Anschliessend fährt er mit Ruth, der neuen Geliebten, südwärts los. Die Reise endet aber nicht im Süden, sondern in einem finsteren Innerschweizer Bergtal. Von da kehren die beiden um, weil ihnen ihr Urlaub in einer so kritischen Situation auf einmal wie Verrat vorkommt: Wanders Kollegen von der Redaktion sind in revolutionärer Stimmung, einer ihrer Mitarbeiter hat sich umgebracht, weil er die Zensurmassnahmen nicht länger ertrug. Zudem wird die Schweizer Zeitung vermutlich verkauft werden, Entlassungen stehen in Aussicht. Wanders Freunde entschliessen sich, die Redaktion zu besetzen und eine eigene Zeitung herauszugeben. Die erste Nummer soll Arbeiten enthalten, die der Zensur zum Opfer fielen, z.B. Texte des verstorbenen Kollegen, aber auch das «Wort an uns Lebende», den Aufruf, den Ruths Arbeitskreis verfasst hat. Wander tut zögernd mit, obwohl er damit seine ökonomische Sicherheit aufgibt. Alle wissen, welche Sanktionen sie zu erwarten haben, aber sie haben das Gefühl, wieder leben und arbeiten zu können. Sie erfahren «etwas wie Glück.» (S. 125)

«Subrealismus», Papier und rhetorische Stichworte
So erzählt, hinterlässt die Geschichte den zwiespältigen Eindruck, dass sie zwar linksverbindlich gemeint, aber literarisch belanglos und damit auch wirkungslos sei. Betroffene und Eingeweihte können zwar kopfnickend mit-

lesen: die Fälle von Zensur sind vergleichbar mit Tages-Anzeiger-Affären, auch für die angedeuteten Umweltskandale gibt es genügend reale Parallelen. Aber sie wirken merkwürdig papieren, resonanz- und gestaltlos. Auch die Arbeit der unentwegt recherchierenden Gruppe, die Wander zum Mittun auffordert, ergibt nicht viel mehr als einen riesig anwachsenden Papierhaufen, Bücher, Zeitschriften, Manuskripte, Fotokopien in Rosa und Gelb und einen Stoss von Stichworten: «Krieg, Tod, Zerstörung in der dritten Welt. Zentren. Ressourcen, Biosphäre, Regenwälder, Wasser, Phosphate, Luft, Schwefeldioxyde. Am Schluss, unter Ziffer 12: Bis zum offenen Krieg. MX-Raketen, Megatote.» (S. 148)
Und tatsächlich lässt die Kritik derer, die sich durch die angedeuteten Fakten angesprochen fühlen, nicht lange auf sich warten. Für den Kollegen Meienberg, der die Tages-Anzeiger-Konflikte aus eigener Erfahrung kennt, ist das Ganze ein erbärmliches Konstrukt, blosser «Subrealismus», keine durch Fiktion kritisch erneuerte Realität, nicht exemplarisch, wie Walter es verstanden haben möchte, sondern ganz einfach mangelhaft recherchiert: Otto F. Walter ist nicht, wie Emile Zola, sozusagen auf dem Führerstand einer Lokomotive mitgefahren, bevor er sich ans Eisenbahnmilieu wagte, er weist nicht selber Vergiftungserscheinungen auf, wie Flaubert, als er sich mit der Wirkung des Rattengifts auf Madame Bovary beschäftigte[76)].
Ebenfalls unzufrieden, wenn auch ohne Vernichtungsgesten, reagiert Isolde Schaad. Auch sie vermisst die «engagierte Rhetorik», die Kraft, die «erneuert» und «übersetzt», anstatt unser Elend «belletristisch zu verdauen»: «Dass Walter kein Sprachbildermacher ist, dass er Mühe hat mit einem glaubwürdigen Lokalkolorit für den etwas dünnblütigen Weltschmerz des Linksintellektuellen in der Schweiz um 1984, das ist nicht, wie N.M. räsoniert, ein Mangel an Recherche, sondern – halten zu Gnaden – halt ein kleines bisschen schriftstellerisches Unvermögen, ein Handicap, mehr nicht.» Immerhin steht ihr Urteil in ei-

nem Kontext der mildernden Umstände. Das Handicap ist nicht vor allem Walters Spezialität, es ist eminent schweizerisch, entspringt einem «Heimatschutzgedanken», einem linken Kollegialitätsprinzip und kommt jedenfalls «aus einem Geist, der nie allein ist»[77].

Beide Kritiken sind zwar in sich schlüssig, laufen aber verkehrt, weil beide übersehen, dass der Autor ebendiese Vorwürfe selber inszeniert: Mit ebendiesem Stammrunden-Realismus soll Wander seine Mühe haben, er soll genug haben von der Rolle des kollektiven Ermutigers, die andere ihm zudenken. Für Widerstandsreden ist er «die falsche Adresse» (S. 149); «ich schaff's nicht, ich schaff's wirklich nicht» (S. 156); ihm hat es die «Sprache verschlagen» (S. 149), zumindest für den Bereich des politischen Kampfes. Und gleichwohl kommt er nicht los von den Leuten, die noch nicht aufgegeben haben.

Die Funktion dieser unliterarischen Verzweiflung eines Schriftstellers an seiner Unfähigkeit zur engagierten Rhetorik ist wohl nicht so sehr, Direktbezüge zur Realität von 1983 aufzunehmen und unzulänglich zur Geltung zu bringen, sondern, wie durch die unliterarisch simple Geschichte, soll damit viel eher innerhalb des Romans ein Kontrast zum artistisch vieldeutigen Erzählgefüge entstehen. Das wird noch deutlicher durch eine Reihe von «engagierten» Texten, auf denen die Ungeheuerlichkeit lastet, dass ihre Verfasser bereit sind, mit gesellschaftlicher Ächtung oder gar mit dem Tod für ihre Veröffentlichung zu bezahlen. Winters «Aufruf an uns Schlafwandler» muss von der Art gewesen sein, die abgelehnten Arbeiten des Kollegen, der Selbstmord beging, gehören dazu, ebenso der «Anruf an uns Lebende», den Ruths Arbeitsgruppe verfasst.

Auch an diesen Texten fällt auf, dass sie mehr erwähnt als gestaltet werden. Wander selber erklärt sich unfähig, mitzuformulieren, begreiflich, denn was da zustande kommt, steht, sprachlich gesehen, im krassen Gegensatz zur Intention der Verfasser, die es als Alarmruf, als letztes oder vorletztes Signal vor dem Untergang verstehen und deshalb auf höchste Klarheit, Eindringlichkeit angewiesen wären. Die Sätze, die auf direktem Weg ins Handeln eingreifen möchten, laufen leer und fallen posenhaft auf sich selbst zurück: «Erwachen zur Einsicht in das, was wirklich geschieht, fällt schwer uns allen. Krieg? Wie anders, um aller Menschen willen, sollen wir nennen, was durch uns Menschen nur schon gegen unsere Lebenswelt, gegen die Natur, ihre Tiere, ihre Regelkreise geschieht? Wie, um alles in der Welt, anders nennen ... (S. 150)

Dass solche Sätze bezüglich der Sache, auf die sie sich beziehen, die verheerenden Zustände der Welt der achtziger Jahre, wirkungslos verhallen, liegt auf der Hand. Umso nachhaltiger ist aber ihre Wirkung innerhalb des Romans. Sie bilden, als hochgradig ernsthaft gemeinte Texte, den Gegensatz zu Wanders spielerisch fiktivem, unverbindlichem «was wäre, wenn», sie lösen Angst, Zweifel, Diskussionen, aus und sie wirken eben durch ihre literarische Ungestalt entlarvend auf das literarisch Gestattete zurück. Wie die simple Geschichte, die den Schriftsteller Wander aus seiner Sperrzone ins Leben zurückholt, wie die wachsenden Listen von Katastrophen, die die Ohnmacht der Sprache gegenüber dem Alltag gewordenen Entsetzen vorführen, haben sie die Funktion, das literarische Selbstbewusstsein zu stören. Sie sind, so gesehen, vergleichbar den Montagestellen in der «Verwilderung», in denen der utopische Anlauf unterbrochen, auf den Boden der «Realität» zurückgeholt wird. Aber die Art der Störung hat sich gegenüber der «Verwilderung» verändert. Die Störelemente sind nicht mehr dazu da, die Utopie realitätstauglich zu machen, sondern eher dazu, ihren Zerfall im Getto der künstlerischen Freiheit aufzuhalten.

Symptomatisch für diese Veränderung war bereits der rätselhafte Romananfang: Ein Schriftsteller will nicht gestört werden, aber die «Realität» sucht ihn heim, belästigt ihn mit den alten Fragen. Und nicht nur weil es eine Frau ist, die seine Ruhe stört, kann er sich nicht entziehen, sondern weil sie «gewisse Worte» ausspricht, die das «Unglück» provoziert. Es scheint, die Sprache selber, auf die Wander sich wie auf einen Schonraum zurückzieht, veranstalte die Störung, genauer: der literarisch freie, unideologische Umgang mit Sprache, der keine Fragen aussperrt, provoziert sein eigenes «Unglück», den Stachel einer Realität, die nicht danach ist, dass die Kunstgebilde und ihre Erzeuger sich ungestört darin einrichten könnten.

Auf Schritt und Tritt wird Wander zum Katalysator dieser Verunsicherung. Er hat keinen Neuanfang im Sinn, keinen Weltentwurf in Arbeit, er sucht sich vielmehr Nischen. Sein Utopos, wenn man so will, zerfällt in eine negativ und eine positiv belastete Sphäre, in den menschenleeren Sperrbezirk, in dem er wie zufällig als letzter Bewohner zurückgeblieben ist, und in einen südlich fernen Projektionsraum der Wünsche: Italien, Bergamo, wo er mit seiner neuen Geliebten hinmöchte. Beide Sphären sind weder entwicklungsfähig im Sinn eines gesellschaftlichen Modells – der Sperrbezirk soll demnächst gesprengt werden, Italien fungiert als verklärtes Urlaubsland und Topos der schönen Fremde – noch ist eine Annäherung und Vermittlung beider denkbar. Vielmehr sind beides Gebiete eines privaten Rückzugs. Sowohl Wanders müde abwartendes Verharren in der Absonderung, wie sein Versuch, nach Süden aufzubrechen, seine Bereitschaft, Ursprüngliches, Elementares zu erfahren, sind zunächst nichts als Überlebensstrategie. Sie entsprechen dem Wunsch, die «eigenen Sachen» zu schreiben, «zwei, drei Bücher vielleicht noch, wer weiss» (S. 65), und daneben zu leben, den «allmählich alten Tagen» (S. 194) nochmals Liebe und Glück abzugewinnen.

Durch die Störelemente werden diese Wünsche nicht nur durchkreuzt, sondern auch zur Rechenschaft gezogen, zur Probe aufs Exempel, ob einer, der über Jahr und Tag auf die Kunst des Indirekten gesetzt hat, subversive Kraft von literarischer Qualität abhängig sah, überhaupt noch fähig sei, über den Rand des Papiers hinaus zu sehen; ob er, der selbstbewusst verkündet: «Mein Handeln ist das Wort» (S. 80), noch abschätzen könne, wann und wo schreiben, reden allein nicht mehr genüge; ob er noch merke, wie sehr seine Angst, beim Wort genommen zu werden, ihn in die Flucht treibe, in die Sperrzone gesellschaftlicher Bedeutungslosigkeit.

Der artistisch angelegte Roman eines Romans wird so zu einem Modell der ästhetischen Selbstkritik, das Werk, das mehr als alle bisherigen Werke Otto F. Walters den Eigenbereich des Literarischen verteidigt, zu einem Instrument, das den Zusammenhang von kritischem Schreiben und Handeln aufspürt. Die zerfallende Utopie, die Tourelsche Haltlosigkeit bekommen damit ein Gegengewicht, das in eine neue Richtung weist.

Widerstand und Märchenglück
Ähnlich wie im «Stummen», wo zwischen zwei sich überlagernden Geschichten eine dritte Geschichte entstand, der Kampf des Sohnes gegen den Vater, entsteht ansatzweise aus dem Versuch, Fiktion und Realität miteinander in Konflikt zu bringen, eine dritte Geschichte, die andeutet, wie der Konflikt auszusöhnen wäre.

Der «Schlafwandler»-Roman endet mit einem märchenartigen Schlussbild: Wander, Ruth und die zur Besetzung der Redaktion entschlossenen Freunde gehen «wie Kinder die Gesichter in die Flocken gehoben» auf den nächtlichen Centralplatz hinaus, lösen sich, gehen im bewegten Kreis «immer weiter und weiter». (S. 249)

Die Szene wäre für sich genommen eine schwer erträgliche Beschönigung. Nachdem alle Katastrophen erwähnt und in einem «Aufruf» verpackt, alle Misstöne verklungen sind; nachdem Wander sich versichert hat, dass er trotz Solidarität an seinen «eigenen Sachen» weitermachen könne; nachdem, aus Ruths Lächeln zu schliessen, auch die Liebe für die bevorstehende Nacht keine Störung zu befürchten hat, käme nun auch noch diese vollends unrealistische Schlussbeleuchtung mit Märchenglück. Das

Bild ist aber so montiert, dass es nicht für sich genommen werden kann. Durch einzelne bewusst gewählte Gestaltungselemente – «wie Kinder», «kurz nach zehn», erste Schneeflocken – weist es zurück auf seine Vor-Geschichte, auf zwei verwandte Szenen, in denen dasselbe Bild inhaltlich variiert vorweggenommen wurde.

Die erste Szene versteht Wander ausdrücklich als Schlüsselszene seines Romans «Ein Wort von Flaubert»: Der siebzehnjährige Rico tritt abends kurz nach zehn mit einem Freund aus dem Spielsalon, freut sich am ersten Schnee und wird von einem erbosten Anwohner erschossen. Wander hat die Szene nicht selber miterlebt, sondern einer Zeitungsnotiz entnommen, er brauchte sie, wie er seiner ersten Leserin in einem – nur vorgestellten – Gespräch erklärt, um seinen Romanhelden Winter «endlich ausbrechen zu lassen in die Aktion». (S. 21)

Die zweite Szene spielt auf dem Hechtplatz in Zürich, 1980, im Herbst der Jugendunruhen. Sie gehört in den Bereich der «realen» Ereignisse, Wander selber ist mit seiner Freundin Helga Zeuge, wie eine Gruppe von Jugendlichen, kurz nach zehn, das Kino verlassen, sich lachend in aufgelöster Formation durch die ersten herabfallenden Flocken bewegen, «ein fast rituell anmutender Reigen glücklicher Leute». (S. 233) Die Polizei überfällt sie, schneidet ihnen die Flucht ab und verlädt sie in Gefängniswagen. Wander kommentiert: «Damals, als Jugendliche Autonomie forderten, Herbst 80, war diese Art von Krieg der Staatsgewalt so üblich wie illegal.» (S. 234)

Auf Ruths Frage, warum er nicht diese deutlich politische Szene in seinem Roman verwendet habe, antwortet Wander ausweichend, er könne als Journalist solche Szenen aufgreifen, für den Roman sei ihm die andere einleuchtender darstellbar erschienen. Auf Ruths Weiterfragen, wie er denn persönlich, nicht als Schriftsteller, auf die Hechtplatzszene reagiert habe, fällt seine Antwort ebenso vage aus. Diese Szene sei eben nur ein Schock, «erlebte Wirklichkeit» geblieben. Hingegen habe die Zeitungsno-

tiz seine Phantasie erregt. «Mein eigner Traum, sagte Wander, ich selbst wurde da auf der Strasse im niedersinkenden Schnee erschossen, durch mich selbst vielleicht, was weiss ich?» (S. 237)
Ruths Frage trifft aber, wie fast alle ihre Fragen, genau die unbewältigte Seite der literarischen Selbstbehauptung. Die Bruch- und Konfliktstellen des Realen, die Wander aufspürt und an denen sich seine Phantasie entzündet, weil er ahnt, dass sie ihn etwas angehen, werden durch die literarische Bearbeitung wohl zu seiner Sache, aber zugleich in einer Weise bewusstseinsfähig gemacht, dass deutlich wird: Sie gehen alle etwas an. Und von dieser Seite seiner eigenen Sache wird auch Wander neu herausgefordert. Er kann sich nicht davonstehlen und wird schliesslich selbst so handeln müssen, wie er, in einer vergleichbaren Situation, seinen Romanhelden handeln liess: private Ansprüche in einer politischen Aktion aufs Spiel setzen. Er wird damit quasi selbst Akteur, Teilnehmer der Szene, die er als Schlüssel seines Romans ausgab.
Diese Aussöhnung von Schreiben und Handeln ist als Wunschbild gestaltet, als Utopie ohne Gewähr. Ebenso bewahrt sie aber durch ihre Ähnlichkeit mit den vorangegangenen Szenen ein realistisches und ein warnendes Element: sie spielt in der Schweiz der achtziger Jahre, der Jugendunruhen, der totalitären Tendenzen. Die Wiederholung der Bilder von Nacht, fallenden Flocken und glücklichem Reigen zeugt gegen den eigenen märchenhaften Augenschein und erinnert die Vorgeschichte, die das Vor-Urteil über dieses befreite Spiel schon gesprochen hat: Seine Fluchtwege sind abgeschnitten, so muss man vermuten; Argwohn, Wut, versteckte und offene Gewalt könnten es in den Tod treiben.
Die Variation der Schlüsselszenen ergibt damit eine Geschichte, die andeutet, wie Literatur realitätswirksam wird: Sie kann die Bereitschaft zum Widerstand nicht herstellen. Das müssen alle Beteiligten selber tun, Ruth, Wander, die Freunde, gegenseitig und je für sich. Literatur kann

aber ins Handeln eingehen als Erinnerung, Warnung, wissend gewordenes Bewusstsein. Unter dieser Bedingung und ausdrücklich ohne Gewähr – «Märchenglück und Schnee sind flüchtige Erscheinungen» (S. 251) – motiviert sie auch zu Hoffnungen.

Realismus der eigenen Stimme

«Vorschlag zur Unversöhnlichkeit»[78]
Die kritischen Reaktionen auf «Das Staunen der Schlafwandler» lösen eine vielbeachtete Debatte aus, bezeichnenderweise in der WoZ, die den Ruf geniesst, ein linkes Szenenblatt zu sein. Nach Meinung der Herausgeber und der Herausgeberinnen ist die WoZ ebendeshalb besonders geeignet, diese Debatte zu führen, weil sie sich die übliche Abspaltung des Ressorts Kultur nicht gefallen lässt. Das Realismusproblem, die Frage, wie Realität wahrgenommen und dargestellt werden könne, stellt sich hier täglich und für alle Bereiche der Berichterstattung.
Ausser den «Schlafwandlern» und der aktuellen Schweizer Literatur insgesamt gerät auch das schweizerische Filmschaffen ins Kreuzfeuer, besonders Thomas Koerfers «Glut», ein Film über einen Schweizer Rüstungsindustriellen im Zweiten Weltkrieg. Der Hauptvorwurf lautet: Weder aus der neuen Schweizer Literatur noch aus dem neuen Schweizer Film sei etwas über die Schweiz von heute zu erfahren, geschweige denn, dass hier Zukunftsperspektiven eröffnet würden. «Hohe Zeit der Autisten und Illusionisten», «Krämerladen», «Heimatschutzbelletristik» urteilen die Schlagzeilen der Diskussionsbeiträge. Deutlich kommt darin zum Ausdruck, dass auch die Nachachtundsechziger die Dissensbewegung der Kulturschaffenden mit Interesse beobachten und dass noch immer der Anspruch gilt, Literatur, sie besonders, habe die Wirklichkeit so darzustellen, dass sie veränderbar erscheine. Auch der – neue – Realismus der achtziger Jahre hat dialektisch-kämpferisch zu sein. «Eine Literatur, welche dem

Dilemma des Zynismus und der Resignation entgehen will, hätte eine Phantasie zu entwickeln, durch die hindurch die Realität sichtbar bleibt und gleichzeitig als überwindbar erscheint.»[79] Das ist, mutatis mutandis, noch immer die Position des «dialektischen» Realismus, den Bertold Brecht schon in den Dreissigerjahren gegenüber Georg Lukács vertrat.

Ein ausführliches Gespräch zwischen Niklaus Meienberg und Otto F. Walter beschliesst die WoZ-Dokumentation. Otto F. Walter lehnt sich darin in wesentlichen Punkten an die Position von 1966. Literatur ist das Medium des Indirekten, die für Walter adäquate Art, sich in diesem Medium zu bewegen, ist suchend, reflektierend. Die Themen sind nicht im voraus gegeben: «Mir fällt erst beim Schreiben selber etwas ein.»[80] Für Niklaus Meienberg ist es umgekehrt: «Die Themen fallen über mich her.»[81] Exemplarisch werden sie seiner Meinung nach nur durch eine dokumentarisch detailtreue Schilderung, während für Otto F. Walter gerade die Detailtreue gegenüber einer vorab gegebenen bzw. recherchierten Wirklichkeit verhindert, dass Vorgänge exemplarisch werden können. Für die Lesenden bleiben sie Einzelfälle, leicht abzutun, für ihn als Schreibenden sind sie schlicht langweilig.

Trotz dieser Polarisierung bleibt das Gespräch friedlich und, vielleicht deshalb, in zweierlei Hinsicht unergiebig. Einmal in bezug auf den Anspruch, Literatur müsste Wirklichkeit als veränderbar darstellen, zum andern in bezug auf den eigentlich strittigen Punkt, dass in den «Schlafwandlern» nichts Aufrüttelndes und nichts Neues über unsere Realität zu finden sei. Unter der stillschweigend akzeptierten Voraussetzung, dass Niklaus Meienberg, Journalist, Otto F. Walter dagegen Literat sei, erklärt jeder seine Art der Selbstbehauptung gegenüber den sich verschlimmernden Zuständen: beide schreiben, um nicht unter die Räder zu kommen. Für Meienberg ist wichtig, dass er an Themen gerät, die ihm «neues Territorium» erschliessen, Walter dagegen sucht unter dem Druck der

Erfahrung sein Instrumentarium weiterzuentwickeln, schreibend neue Methoden zu finden, die der komplexen Realität, in der «niemand mehr haftet», beikommen. Unerwähnt bleibt, dass nicht nur der Fiktionalist Gefahr läuft, in eine Scheinfreiheit abzudriften, in der sich die Realität verflüchtigt, sondern auch der Dokumentarist, der sich von seinen Themen «überfallen» lässt, landet nicht unfehlbar da, wo er möchte. Denn er setzt die Nichtfiktionalität, das Faktische, das er lediglich «dokumentiert», als selbstverständlich voraus und entledigt sich damit des Mittels, zu verhindern, dass das neuerschlossene «Territorium» sich in seinem Text verselbständigt, fetischisiert, und eben dadurch fasziniert anstatt durch den kritischen, bewusstseinsverändernden Gehalt.

Weil dem Gespräch diese Stossrichtung der Realismuskritik fehlt, kann auch keine Auseinandersetzung darüber entstehen, dass ein Autor, der sich im umfassenden Sinn mit der Wirklichkeit anlegt, kaum ohne andauernde Selbstrevision auskommt; denn die Fähigkeit, Wirklichkeit als veränderbar erscheinen zu lassen, ist abhängig von der Fähigkeit, die Bedingungen, unter denen Wirklichkeit wahrgenommen und verarbeitet wird, zu überprüfen und zu verändern und diesen Prozess den Lesenden mitzuteilen. Wäre dieser Aspekt von Realismus berücksichtigt worden, so hätten andere, von der Kritik insgesamt kaum beachtete Elemente der «Schlafwandler» in den Vordergrund treten können.

Zum Beispiel das positive Moment im Rückzug auf die «eigenen Sachen». Otto F. Walter selber hat im Verlauf des WoZ-Gesprächs darauf hingewiesen, dass in Wanders Resignation mehr steckt als Zurückweichen vor der katastrophalen Wirklichkeit. «Wir müssen zuerst wieder – was weiss ich – unsere Ganzheitlichkeit zusammensuchen, wir müssen unsere eigene Stimme suchen.»[82] Der verunsicherte Thomas Wander ist für den Autor offensichtlich eine Figur, die diesen Anspruch einzulösen hat. Schreiben ist, zumindest vorübergehend, der «Versuch, diese zentrifugale Tendenz umzukehren. Sie aufzuheben. Sich wieder zu spüren als Ganzes». («Schlafwandler», S. 111) Ohne Selbstbezug ist kein zuverlässiger Realitätsbezug möglich; das Subjekt ist nicht handlungsfähig, wenn es kein Bewusstsein dafür entwickelt, welche Teile ihm im Lauf seiner Lebensgeschichte abhandengekommen sind. Gerade in der Einschätzung dieser Deformation zeigt sich der neue, von der Kritik wenig beachtete Ansatz. Im Fall Wander/Walter hat die Atomisierung und Beschränkung des Subjekts nicht nur mit allgemeiner Entfremdung und spezifischer Klassenlage zu tun, sondern, so die neue Einsicht, ebensosehr mit der Erziehung zum Mann. Damit treten geschlechtsspezifische Fragen in den Vordergrund, die Frage nach der Schweiz von 1983, nach Jammers und seiner erschöpften Demokratie wird zweitrangig.

Vater, Mutter, Frauen, Träume
Schon in der «Verwilderung» und deutlicher in «Wie wird Beton zu Gras» wurde die neue Thematik sichtbar. Sie ist jetzt bedeutend weiter entwickelt und verleiht dem Roman eine neuartige Authentizität. Eine ganze Schar von Frauengestalten ist diesmal aufgeboten, um auf geschlechtsspezifische Verunstaltungen aufmerksam zu machen, die männliche Optik zu korrigieren, Ann, Helga, Lena, Susann, Lisbeth, Ruth und wie sie alle heissen. Auch hier ist die von Wander strapazierte literarische Mischung von Realität und Phantasie Anlass zu kritischen Fragen. Aber die Auseinandersetzung verläuft hautnah und persönlich, weil die Fragerinnen unmittelbar Betroffene sind und mit ihren Fragen weniger den Autor als den Menschen Wander ansprechen. Die Irritationen, die Wander dabei zulassen muss, gehören zum Lebendigsten im ganzen Buch. In fiktiven und «realen» Gesprächen mit Frauen wird Wander eingeholt von einer Realität, die er literarisch zu seinen Gunsten beschönigte, und in Wanders freiwillig-unfreiwilligen Eingeständnissen fallen inhaltliche Hinweise, die signalisieren, dass sich der Autor Walter

und seine Figur nahekommen: das Steinhaus in Südfrankreich wird erwähnt, das Verhältnis zur zweiten Ehefrau umschrieben, die zweite Scheidung angedeutet. Der Eindruck des Authentischen kommt aber nicht durch die autobiographischen Angaben zustande, sondern durch subtil gehandhabte Stimmungsnuancen und Zwischentöne: «Da ist dieser so ein wenig hastige Ton darin, den man nicht erfindet» (S. 68), sagt Wanders Frau Lisbeth nach der Lektüre eines neuen Manuskript-Kapitels, in dem Wanders Romanheld Winter mit einer Freundin ins Provence-Steinhaus verreist. Im hastigen Ton des Verunsicherten, atemlos, wie einer, der auf der Flucht vor sich selbst sich eben noch einholt, reagiert Wander auch, wenn Lisbeth ihn zum Scherz verhaftet wegen «Idealisierung der Wirklichkeit. Versuch der Verbreitung falscher Tatsachen. Irreführung mit literarischen Mitteln.» (S. 105) Wenn sie ihn fragt, wo denn das Fortschrittliche sei, wenn Winters gutklingende Theorie vom radikal offenen Zusammenleben dazu führe, dass er zwischen Susann, der «Angetrauten für den Alltag», und Ann, der Freundin für ein-, zweimal die Woche hin- und herlaviere. (S. 106) Wander beharrt, dass er doch da ein «Stück Utopie» gestaltet habe, er verwendet Ausdrücke, die nach Zitaten aus der «Verwilderung» tönen, nach Selbstzitaten des Autors Walter also: «Offenheit», «Grundvertrauen» statt «Besitzenwollen». (S. 107) Aber «noch während er redete, spürte er, wie seine Stimme immer ein wenig atemloser wurde». (S. 108) Schwer atmet Wander auch mit dem Paket seiner Tochter in der Hand. Er vermutet, sie schicke ihm sein Buch zurück, zerfetzt und mit wütenden Filzstiftstrichen versehen: «Genau, du Patriarch! Genau diese fürchterliche Mischung aus Liebe und Terror – dein Rezept!» (S. 32) Die Hitze steigt ihm ins Gesicht beim Gedanken an die Szene, die sie angestrichen haben könnte, wie damals, als er Helga nachrannte, für seine Eifersucht um Verzeihung bettelnd und schwörend: «Nie wieder!» (S. 31) Ihm wird augenblicklich klar, um wieviel nachteiliger für ihn

diese reale Szenenvorlage ausging, verglichen mit der entsprechenden Ann-Winter-Episode im Roman. Winter reagiert gefasst und lässt die beleidigte Ann ziehen, während er, Wander, Helga bettelnd dazugebracht hatte, ihren Widerstand aufzugeben: «Männer, hatte sie gesagt. Es klang nicht einmal mehr böse, ein wenig traurig vielleicht, und jetzt, sagte sie, habe sie Lust auf ein Glas Frascati. Dieses ihr scheinbares Einlenken. Diese etwas gelangweilte Grossmut: das war wohl der endgültige Tiefpunkt seines Versagens gewesen.» (S. 31)
Solche Skizzen sind deutlich authentisch – sie leben von Stimmungsdetails, «die man nicht erfindet» – und sie fallen doch nicht aus dem literarischen Rahmen. Das unterscheidet sie von den «engagierten» Texteinschüben, die den «Tiefpunkt des Versagens» sozusagen am anderen, am objektiven Ende markieren. Hier, im Bereich der subjektiven männlichen Selbstrevision, sind die sprachlichen Mittel dem Aufklärungsanspruch gewachsen: Auch das Eingeständnis von Schwäche und Borniertheit ist als Reflexionsstufe gekennzeichnet, mit der ironischen Schutzhülle versehen, die Persönliches zwar sichtbar macht, aber Peinlichkeiten ausschliesst.
Keine Spur ist hier von Selbstmitleid oder von einem künstlich aufgesetzten Sprechblasen-Feminismus zu finden, den Meienbergs Verriss unterstellt. Vielmehr entwickelt der «Fiktionalist» Walter unerwartet eine Methode, Realität als veränderbar darzustellen: Der Versuch der Selbstaufklärung belehrt nicht nur den alternden Schriftsteller über seine Beschränktheit im Umgang mit Wirklichkeit, er führt auch vor, dass sich Wirklichkeit nur verändern lässt, wenn wir bereit sind, ihren fiktionalen Charakter, und sei es zu unseren Ungunsten, immer wieder bewusst zu machen, zu überprüfen und aufzubrechen.
Atemlosigkeit, die andeutet, dass der Autor Walter mit im Spiel ist, dass seine eigene Angst, eine Sperre zu durchbrechen, den Puls der Sätze bestimmt, verbindet die selbstironischen Stellen auch mit jenen Anflügen von Pa-

nik, die Wander in seinen Träumen von steigendem Wasser, von Fesseln, zugeschnürter Kehle verfolgt oder ihn auf den Gängen durch seinen Sperrbezirk einholt. Sie hat ihre Vorboten in der fliegenden Angst des Stummen, in Tourels zwanghaften Reden, in den kollektiven Alpträumen der «Ersten Unruhen» in Esthers Wahnsinnsfahrt gegen die Bollwerke des Alten. Sie verbindet die Werke Otto F. Walters auch mit vielen seiner Zeitgenossinnen und Zeitgenossen, der Bogen liesse sich von da weit zurückschlagen an den Anfang des 19. Jahrhunderts, zur Atemlosigkeit vieler Romantiker, und sie hätte, genau besehen, auch dort damit zu tun, dass Subjekte ihre zunehmend atomisierte und versperrte Ganzheit zusammensuchen.

Dass weibliche Wesen sich im Zug der männlichen Selbstrevision nicht zu Erlöserinnen auswachsen, dafür sorgen die Frauen selber. Ruth wehrt sich dagegen, dass Wander sie als literarischen Rohstoff verwenden und in eine «so makellos intelligente und immer absolut richtig agierende Superfrau» umschreiben könnte. (S. 209) Sie ist es auch, die ihn nach seiner Mutter fragt und damit eine andere Überhöhung beiseiteräumen hilft, die seit dem «Stummen» im Schatten des Vaterhasses unangetastet geblieben war: die Überhöhung der Mutter zur schuldlos leidenden Märtyrerin.

Noch einmal tauchen, von Ruths Fragen provoziert, die Bilder auf, die schon den stummen Loth verfolgten: «Sein Gesicht. Dieses auf einmal mit einer ganz unbegreiflichen Wut gezeichnete Gesicht». (S. 171) Aber der Vater ist diesmal nicht eine armselige Hausierergestalt, sondern mit den Insignien von Otto F. Walters eigenem Vater ausgestattet. Er hat ein Büro mit Eichenschränken, er schlägt den Sohn mit der Reitpeitsche, und er fährt im eigenen Wagen betrunken durch die Gegend. Aus dieser persönlichen Nähe besehen bekommt seine Aggressivität einen ganz neuen Sinn: Sie ist demonstrative Selbstzerstörung, inszeniert als heldische Untergangstragödie für *sie,* die

Geliebte, Gattin, Mutter des einzigen Sohnes, vielleicht auch noch für des Vaters eigene, längst verstorbene Mutter; ein konform männliches Verhalten in der grotesken Konsequenz, dass die Erfüllung der Rolle in Rache umschlägt, Rache für das verhinderte Leben. Überraschend entdeckt Wander darin sein eigenes bisher verbotenes Rachebedürfnis: Die Mutter in ihrer scheinbar unendlichen Geduld und Sanftmut war es, «die den lebenshungrigen Mann in seinen Selbstmord auf Raten getrieben hatte», sie war es auch, die sich den Sohn zum «Bundesgenossen» und «Leibwächter» heranzüchtete, ihm «Panzer um Panzer» umlegte, bis er bereit war, sich «eher die Zunge abzubeissen», als «seine Gefühle zu äussern». (S. 173/174)

Aber auch hier geht es Wander/Walter nicht um Selbstmitleid. Auch die höchstpersönliche Stimme seines Hasses versucht er aus einer kollektiven Struktur zu begreifen: Auch die Mutter war «in der uralten Weiberrolle» unterdrückt, auch sie war «selber natürlich Opfer ihrer Geschichte, unserer Männergeschichte» (S. 174/175), wenn auch ein Opfer, das sich schadlos zu halten wusste, indem es sich den Sohn sanft-gewalttätig zum künftigen Rächer zurichtete. In dieser Einsicht entdeckt der Sohn, was ihn zwang, dem Vater ähnlich zu werden, er entdeckt die unheilvolle Verzahnung der männlichen Herrscher- mit der weiblichen Opferrolle, und er entdeckt den Grund seiner psychischen Behinderungen: «Die Schubkraft der Rollendressur macht uns Männer, auch heute, tendenziell zu Schwerbeschädigten, zu Wahrnehmungsidioten, zu Liebesunfähigen: zu Helden.»[83]

Männlichkeitswahn
Ausführlicher als in den «Schlafwandlern» befasst sich Otto F. Walter in zwei Aufsätzen mit dem Thema der Rollenprägung: «Der Mann als Held. Über den Männlichkeitswahn»[84] und «Vom Mannsein, von Liebe und Gewalt. Brief an einen Sohn»[85]. In beiden Arbeiten macht er klar,

dass der Anstoss zur Kritik des Männlichkeitswahns von Frauen kam. «Der Mann als Held» steht, wie das Motto andeutet, unter dem Eindruck von Christa Wolfs Erzählung «Kassandra». «Bald, sehr bald wirst du ein Held sein müssen», sagt Kassandra am Ende zu ihrem Geliebten Äneas. Sie lässt ihn ziehen, einen Helden kann sie nicht lieben. Otto F. Walter rekonstruiert anhand von Kindheitseindrücken, wie sehr, nach dreitausend Jahren Patriarchat, die Erziehung zum Mann immer noch von Heldenbildern geleitet ist. Erste bewusst aufgenommene Muster enthielten für ihn die gewaltigen Sätze aus dem Alten Testament, die er, der Vierjährige, an die Schulter des Vaters gelehnt, zu den kraftvollen Bildern der Doré-Bibel zitiert bekam, fortgesetzt wurden sie im Triebunterdrückungsprogramm der gottesfürchtigen Mutter, vollendet im asketischen Männerstaat des Klosters Engelberg. Dass diese einseitige Prägung in einer persönlich einmaligen Konstellation zustande kam, ändert nichts daran, dass ihre Prinzipien allgemein sind. Otto F. Walter ist überzeugt, dass «Millionen und Millionen» seiner Geschlechtsgenossen dasselbe widerfahren ist. Höchstens verdankt er dem Umstand, dass er besonders konsequent zum Kämpfer und Sieger dressiert wurde, auch ein besonders ausgeprägtes Bewusstsein für die Kehrseite der Dressur: für die Angst zu versagen und die Angst zu lieben.

Der «Brief an einen Sohn» erwähnt eine Begegnung mit Ingeborg Bachmann. «Sie, I. B., die den Grossen Bären in ihren Gedichten anrief, sagte damals, vor vielleicht zwanzig Jahren, in einer Bar in Zürich, sagte über den Tisch hin: ‹Die Männer sind krank.› *Die* Männer? Und sie sagte das, die Frau, die doch zu differenzieren pflegte, oft bis zur Auflösung? Ich habe sie fassungslos angeschaut. Sie lächelte: ‹Wusstest du das nicht?›»[86].

Von Ingeborg Bachmann hörte Otto F. Walter erstmals die Behauptung, wir lebten im Patriarchat, sie wendete erstmals den Begriff Faschismus an auf privates Verhalten, somit auf die Beziehung zwischen Mann und Frau und leitete dann

daraus den inneren Kriegszustand unserer Gesellschaft ab. Neben Ingeborg Bachmann erwähnt der Brief auch Simone de Beauvoir und Namen aus neuerer Zeit: Heide Göttner-Abendroth, Marianne Wex, Klaus Theweleit. Die Auseinandersetzung findet aber diesmal nicht mit einer Frau, sondern unter Männern statt, zwischen Vater und Sohn, veranlasst durch eine Männermodeseite und die beiläufige Frage des Sohnes, woran es liegen möge, dass Macho wieder in sei. Der Part des Vaters ist es, weitausholend zu erklären, dass dieses Wiederaufleben der härteren Männlichkeit eine Möglichkeit sei, auf Verunsicherung zu reagieren; die andere wäre selbstkritische Öffnung, Loslassen der alten Macht- und Besitzansprüche. Diese, die wünschbare Reaktion müsste nicht in Zerknirschung und Selbstanklage enden, sie könnte vielmehr die patriarchal beschädigte Menschheit, Männer und Frauen, wiederherstellen helfen.
Allerdings kennt der Briefschreiber die Argumente, die gegen diese Reduktion der gesellschaftlichen Konflikte auf das patriarchale Grundmuster angeführt werden. «Patriarchat, was heisst das schon? Wo bleibt da die Weibermacht, die gibt's doch auch?» Und: «Alle leben wir in der Industriegesellschaft von heute.»[87] Er erwidert mit einem Ja und einem Nein: Frauen entfalten ihre Macht nach der Manier der Un-mächtigen, listenreich, trickreich, Männer dagegen schlagen mit der Faust auf den Tisch, ihr letztes Argument ist Gewalt. Und selbst die schwächsten unter ihnen können sich aufgrund ihrer Geschlechtszugehörigkeit ihren Frauen gegenüber überlegen fühlen.
Auf die Gefahr hin, selber väterlich-patriarchal zu erscheinen, macht der Ältere seinen Erfahrungs- und Leidensvorsprung in Sachen Männerkarriere geltend. Wie ihm eines Tages klar wurde, dass sein persönliches Funktionieren als Mann selbstzerstörerisch war, so neigt er immer deutlicher zu einer negativen Bilanz des gesellschaftlichen Fortschritts. In der Feindschaft gegen alles kreatürlich

Lebendige, Undisziplinierbare ist nicht nur Angst, da ist auch Selbstzerstörung am Werk.

Otto F. Walter ist kein Theoretiker, und gewiss gilt für alle seine programmatischen Äusserungen, dass sie an Intensität und Überzeugungskraft hinter den literarischen zurückbleiben. So sind die Nachforschungen im Bereich der eigenen Rollenprägung innerhalb der «Schlafwandler» viel eindrücklicher gestaltet als im «Brief an einen Sohn». Dennoch gilt auch für diesen Text, dass er in anregender, undogmatischer Form eine Thematik aufgreift, die an der Zeit ist: unter Männern ist die Frage nach «Mannsein, Liebe und Gewalt» öffentlich noch kaum geführt worden. Dieser Meinung war auch die Redaktion der Zeitschrift «Widerspruch», die den Text schliesslich veröffentlichte[88]. Höchst merkwürdig ist dagegen, dass er zuvor zweimal abgelehnt wurde, beide Male an Stellen, für die er prädestiniert schien: das «Tages-Anzeiger-Magazin» lehnte ab mit der Erklärung, dieses Thema sei im TAM bereits reichlich behandelt worden; die Redaktoren des «einspruch», dessen erste Nummer anfangs 1987 in Zürich erscheinen sollte, lehnten ebenfalls ab, obwohl gerade der «einspruch» sich als Forum für Texte mit geringem «Marktwert» verstanden wissen wollte. Hier wurde eher die mangelnde sprachliche Qualität ins Feld geführt, auch das ein nicht sehr überzeugendes Argument. Denn einen Vergleich mit Texten zu traditionellen linken Themen wie Armee, Umwelt, Flüchtlingspolitik, die im «einspruch» problemlos unterkamen, hält der «Brief an einen Sohn» wohl aus. Die wenig überzeugende Begründung der Ablehnung provoziert Vermutungen. Ich nehme an, hier verberge sich eine Überempfindlichkeit, die nicht gegen, sondern für den fraglichen Text spreche. Es könnte sein, dass er tatsächlich Tabuisiertes berührt, dass er, bei aller Behutsamkeit, Sicherungen antastet, die Männer zuallerletzt aufgeben möchten.

Das würde nachträglich auch erklären, weshalb die Diskussion um «Das Staunen der Schlafwandler» so unbefriedigend verlief. Dass ein Autor nicht nur vorführt, wie ihm beim Reden und Schreiben «gegen das Hier», gegen das Versagen der Welt, der Schweiz, der Mächtigen von Zürich und Jammers die Stimme abhanden kommt, sondern dass er sich selber schreibend dahin treibt, wo er den «Tiefpunkt» seines eigenen Versagens vermutet, das hätte ausser der Frage nach Realität und Fiktion auch ein Gespräch unter Männern nötig gemacht, von der Art, wie der spätere «Brief an einen Sohn» es anregen wollte. Die Gebärde, mit der Niklaus Meienberg, der Mann, mit dem es hätte stattfinden können, bereits im voraus abblockte, ist zwar ärgerlich, aber offenbar symptomatisch. Ein gezielter Schlag unter die Gürtellinie soll dem Ketzer ein für allemal klarmachen, was wirkliche Männer von ihm halten: So einer ist «ein hölzernes» Männchen, das alle feministischen Theoreme plakativ vor seinen Bauch hält oder als Sprechblase absondert. Kein Wunder, dass Mann sich vergeblich nach Liebesszenen sehnt und dass in den «Schlafwandlern» nichts vom dem passiert, was nach Meienberg selbst «ein politisch bewusstes Liebespaar, wenn es brünstig wird» tun müsste[89].

«ZEIT DES FASANS»

Die Macht der Phantasie

Im Januar 1986 liest Otto F. Walter im Saal der Genossenschaft «Kreuz» in Solothurn erstmals aus einem noch titellosen Romanfragment. Die gut hundert Leute, die sich eingefunden haben, sind wohl aus Interesse, aber auch gutwillig gekommen: Der Anlass hat entfernt mit Politik zu tun, der Erlös fällt ans selbstverwaltete «Kreuz». Man kennt sich, kennt den Autor, und wer seinen zuletzt erschienenen Roman gelesen hat, könnte auch die ersten Sätze, die jetzt zu hören sind, zu kennen glauben: «Ich, du und wir. Und also er, Thomas Winter, in Berlin West, Historiker mit Forschungsauftrag»[90]. Der Name Winter erinnert an den Helden aus Wanders Roman, natürlich stammt

er aus Jammers und kehrt ebendahin zurück, Lis, der Name der Freundin an seiner Seite, erinnert an Lisbeth, Wanders Ehefrau, Thomas Winters Ehefrau dagegen – auch das ergibt sich selbstverständlich – ist für unbestimmte Zeit verreist; ein Demonstrationszug kommt ins Gesichtsfeld, vertraute Reflexe und Irritationen strukturieren den Sprachfluss, «und also», «ein Tag, der so begänne», Schnittstellen, Einschübe, Montiertes. Dann aber fährt der Text unvermutet davon: Winter versinkt, zu Hause angekommen, in Erinnerung, er sitzt in Lauscherhaltung zu Füssen einer fabulierenden Alten. In ihrem Redestrom branden Kriege und Familienfehden, kämpfen englische Offiziere gegen Thai-Mongolen, geborene Winter gegen angeheiratete, Wahrheit gegen Verleumdung. Oder Winter sitzt sinnend auf der Estrichtreppe, gebannt von der Erinnerung an gewalttätige Szenen zwischen den Eltern. Liebe und Hass, Geschlechterkampf, Mordgedanken flammen auf, sorgen dafür, dass die Zuhörenden kaum wahrnehmen, weshalb die Winter AG bestreikt wird, weshalb Thomas' Freundin Lis allein weiterreist und dass beim Abschied die Worte fallen: «Ob wir's lernen werden, du und ich – lernen, unsere Nächte nicht allein als Bruder und Schwester zu verbringen?»[91)]
So sehr der Zurückgebliebene bemüht ist, diese und ähnliche Fragen nicht ganz ausser acht zu lassen, die Lust oder der Zwang, dem inneren Schauspiel nachzugeben, ist stärker; er muss «durch diese Geschichte hindurch», auch wenn sie ihn ins Bodenlose fahren.
Hindurchmüssen, mitgeschwemmt und vielleicht verschlungen werden, das ist in dieser Dominanz neu und überraschend, eine Erzählhaltung, die das Publikum von Otto F. Walter wohl zuletzt erwartet hätte. Er war bisher in allen seinen Werken ein Meister der Unterbrechung, der Ernüchterung und skeptischen Distanz, der seine Figuren mit Vorliebe versuchsweise einführte. Nun taucht, übergross, eine Gestalt auf, die den Hauptdarsteller Thomas Winter und mit ihm bisweilen auch den Erzähler in eine

fast kindliche Abhängigkeit zurückversetzt, Muse und Parze zugleich, der Geist der Geschichte, der das Rad der Zeit in Gang bringt, und der Geist der Poesie, der aus Wörtern und Bildern die Welt neu erfindet; aber auch Schicksalsmacht, die alte Fäden zu immer neuen Knäueln windet und die Geschicke der Lebenden an die der Toten zurückbindet: Thomas soll, bevor er sein eigenes Leben leben kann, alles wissen und alles aufschreiben, was seinen Vater in den Tod trieb und wodurch seine Mutter umkam. So wird sie schliesslich auch zur Rächerin, zur Erinnye, und ihre Machtfülle erscheint total. Als wäre er ihre Marionette, findet der Geschichtsforscher Winter absichtslos-zielstrebig hinter der verklemmten Tür zur Bibliothek im Gewühl von Dokumenten das leere Tagebuch mit der einzigen Notiz von Tante Esthers Hand geschrieben: «Lilly Winter, meine Schwägerin, ist nicht eines natürlichen Todes gestorben. Sie wurde umgebracht.» (S. 30) Ein Rätsel, das ihn bis zuletzt gebannt hält.

Die dämonische Macht hat aber ihre Kehrseite. Tante Esther ist invalide, seit Jahrzehnten im Rollstuhl, klein, schmal, ohne Einfluss und ohne Nachkommenschaft, die Knäuel, die sie unentwegt windet, werden insgeheim von ihrer Betreuerin wieder aufgelöst, und die Höhenflüge ihrer Phantasie verdankt sie nicht zuletzt dem Duft von Cigarillos und der Wirkung des Sherry, den ihr Thom, süchtig nach ihren Geschichten, bereitwillig einschenkt. Im Text, den Otto F. Walter für seine erste Lesung auswählte, stand die faszinierende Extravaganz der alten Frau im Vordergrund. Im ausgearbeiteten Roman tritt ihr zwischen Macht und Gebrechlichkeit wechselndes Gesicht stärker hervor. Der zwiespältige Charakter der für das Kind Thomas welt- und bewusstseinsstiftenden Autorität wird zu einem strukturbildenden und -tragenden Moment. Er begründet aus dem Innern des Romans die Notwendigkeit eines Erzählens, das sich selber desavouiert, Widerstand einblendet und Reflexionen auslöst. Die Art, wie Tante Esther ihre Person, aller Gebrechlichkeit entledigt, in grossartige historische Gemälde hineininsziniert, vom Aufstand gegen Zar Nikolaus in Warschau 1830 bis zum Mord an Kaiserin Sissi 1898 in Genf und bis zum Besuch Mussolinis in Jammers, unterläuft die Suggestivkraft ihrer Phantasie und weckt Fragen: «Aber du, Tante, wie alt bist du eigentlich? Dass du das alles erlebt hast...» (S. 66); die Art, wie sie persönliche Beleidigungen zum Anlass nimmt, sich zur Anwältin einer Wahrheit aufzuspielen, gegen die Lüge und Verleumdung nicht aufkämen, verbreitet eben jenes Zwielicht des Zweifelns, das Thom zwingt, ihr ins Wort zu fallen: «Aber so war es nicht» (S. 415), das ihn ermuntert, nicht nur in Geschichten einzutauchen, sondern selber die Wahrheit ans Licht zu holen.

Der Eindruck, dass Otto F. Walter das Erzählen wiederentdeckt habe und mit einer phantastischen Figur davonfahre, ist insofern richtig, als es ihm hier erstmals gelingt, seine literarische Methode durch eine lebendige, eigenständige Gestalt quasi zu legitimieren. Die Methode selber aber ist im wesentlichen dieselbe geblieben: Montage, Kontrastbildung, anhalten des Erzählflusses. Wiederum forscht der Autor mit einer ihm biographisch nahestehenden Figur, dem Historiker Winter, nach den Spuren des Möglichen, sucht er das, was war, dem subjektiven Anspruch auszusetzen, dass es anders hätte sein können. Er tut es angeleitet und geprägt von der immer schon raunenden Stimme seiner geschichtenspinnenden Muse und Parze. «... vergiss aber nicht die Macht der Phantasie», ist einer ihrer Leitsätze, mit denen sie Thom auf den Weg der Emanzipation schickt. Phantasie lasse sich trainieren: «Er müsse sich bei jeder Geschichte vorstellen, wie sie auch anders hätte verlaufen können.» (S. 571) Damit gibt sie dem Neffen listig selber das Mittel an die Hand, andere ihrer Maximen zu relativieren, zum Beispiel das Gebot, alles wissen zu müssen, die ganze Weltgeschichte und mehr, weil Wissen die Voraussetzung sei und «Weisheit das Fundament, worauf ein Mann sein Leben baut». (S. 332)

Die kreative Selbstwiderlegung der Esther-Figur geht sogar noch weiter. Sie, die standesbewusste Vertreterin einer fortschrittsgläubigen Oberschicht, in der ihr als Frau schliesslich nur die Rolle der skurrilen Alten bleibt, ist auch Bewahrerin einer mythisch dunklen Vorgeschichte. Die «Sage vom Ursprung», «nach der Fassung von Esther Winter» zitiert, erzählt in fünf Abschnitten eine freie Variation bekannter Ursprungsmythen, von der Entstehung der matriarchal geprägten Welt bis zum Umsturz ihrer Ordnung, der Ermordung der Urmutter durch den Sohn-Geliebten. Diese Sagenteile sind über 500 Seiten weit verstreute reliktartige Montageelemente ohne explizierten Bezug zum übrigen Text. Sie werden aber durch die angedeutete Beziehung zu Esther Winter, der Geschichtsautorität des Romans, zu einer Art Folie, vergleichbar den «Romeo und Julia»-Fragmenten in der «Verwilderung», vor der sich das übliche Bild der Geschichte abhebt und verfremdet: Geschichte als eine Kette von Kampfleistungen grosser Männer, wie die alte Frau sie ihrem Neffen vorführt, verwandelt sich vor dem Hintergrund der matriarchalen Urzeit in eine Kette von Unheil, einem fortgesetzten Unrecht, das irgendwann wieder gut gemacht werden müsste.

Ebenfalls nur angedeutet ist eine andere Verbindungslinie. Im Flur des Winter-Hauses hängt eine Skizze, die an griechische Klassik erinnert. Vermutlich zeigt sie Motive aus der Orestie, zentral darin die Szene, in der Elektra und Orest gemeinsam ihre Mutter Klytämnestra umbringen. André, Thomas' älterer Freund und ideologischer Mentor seit Jugendtagen, entdeckt die Bilder und überlegt, dass Klytämnestra, die hier durch die Hand ihrer Kinder stirbt, zuvor im Bad ihren siegreich aus Troja heimkehrenden Gatten umgebracht hat; ein Versuch, «den Sieg des jungen Patriarchats über die matriarchale Kultur rückgängig zu machen». (S. 157) Im Bad ist auch Thoms Vater, betrunken und mit gebrochenem Arm, gestorben. Nach Tante Esthers Unterstellung ist seine Frau, die als einzige bei ihm war, zumindest durch unterlassene Hilfe an seinem Tod schuldig. Thom weist zwar diese Version heftig zurück, aber sie legt den Schatten auf sein Bewusstsein, der später, beim Lesen von Esthers Tagebuchnotiz, schlagartig wieder da ist: Er selber könnte es gewesen sein, zusammen mit seiner Schwester Gret, der Lilly Winter, diese selbstbewusste Matriarchin, umgebracht hat, analog zum Mythologem, das Esthers Ursprungssage und die Elektra-Skizzen suggerieren.

«Zeit des Fasans», ein neuer «Schweizerspiegel»?
Otto F. Walter hat in seinem grossangelegten Roman nicht nur das Erzählen wiederentdeckt, sondern auch die historische Dimension im Sinn der Aufarbeitung eines konkreten Zeitabschnitts, der Schweiz im Umfeld des Zweiten Weltkriegs. Thomas Winter, 1938 geboren, ist Historiker, er arbeitet an einem Forschungsauftrag des Schweizer Nationalfonds zur damaligen Landesregierung. Diese Arbeit setzt er in Form von Notizen auch während seines Aufenthaltes im Elternhaus in Jammers fort bzw. beginnt er damit nochmals von vorn, entschlossen herauszufinden, was «im Land CH» zwischen 1936 und 1945 tatsächlich geschah. (S. 90) Und in ebendiese Zeit, die er als Historiker untersucht, ruft ihn schon am ersten Morgen nach seiner Ankunft die Erinnerung und Erinnerung an Erinnertes zurück: 1936 war es vermutlich, als eine Szene im Herrenzimmer mit einem Streit der Eltern endete, weil der Vater sich für Hitlers Grossdeutschland begeisterte, die Mutter dagegen, entsetzt über diese Wendung, sich zum Widerstand bekannte.
Von den ersten Romanseiten an sind damit biographisches und historisches Interesse eng verknüpft. So wie die Nähe zum Ort der eigenen Vergangenheit die Optik des Historikers verändert, so lenkt umgekehrt das wissenschaftliche Interesse Winters Blick auf den politisch markanten Punkt, von dem aus unbewältigte Kindheitserlebnisse sich aufhellen lassen. Der Wendepunkt in der ge-

spannten Beziehung der Eltern deckt sich mit dem verhängnisvollen Gesinnungswandel des Vaters. Im Blick auf die rote Gefahr schlägt sich der Geschäftssinn des Politikers und Unternehmers auf die Seite des Faschismus und erklärt Politik zur Männersache. Den Standpunkt der Moral und Menschlichkeit verweist er auf die Ebene der «guten Gefühle», mit denen – leider – zu oft schlechte Politik gemacht werde. (S. 21)
Diese explizite Abspaltung des Moralischen vom Politischen, der vergebliche Protest dagegen vertieft den Riss zwischen den beiden und fixiert sie auf ausweglose Verhaltensmuster. Die Mutter zieht sich stumm leidend zurück und kompensiert fortan durch rigorose Härte und Frömmigkeit, der Vater stürzt sich, haltlos geworden, in gewagte Geschäfte, bricht periodisch aus und besäuft sich. Mehr als zwanzig Jahre nach der Debatte mit Max Frisch, der in der damals neueren Schweizer Literatur das Thema Schweiz und seine «Aufarbeitung» vermisste, hätte Otto F. Walter nun das Soll erfüllt, das er damals ablehnte. Mit Thomas Winter gelingt ihm beides, ein Stück eigener Lebensgeschichte aus der Versenkung zu holen und zugleich ein Stück verdunkelter Schweizergeschichte zu beleuchten. Eine Szene im Herrenzimmer böte sich sogar an, einen Schritt weiterzugehen und Nahtlosigkeit zwischen privater und politischer Geschichte vorzutäuschen. Zweifellos wäre es dem Autor nicht allzu schwer gefallen, den Historiker Winter seinen Rekonstruktionsversuch des Jahres 1936 mit dokumentarischem Material versehen zu lassen, um die Faschismusfreundlichkeit des Schweizer Unternehmertums zu belegen. Er tut es nicht, sondern beharrt auf der Möglichkeitsform: «So könnte es gewesen sein», und belässt es bei offenen Fragen: «War es so? Hat sich an jenem Sonntagnachmittag gegen halb sechs im Herrenzimmer des Winter-Hauses die Zelle des Kreises von schweizerischen Industriellen, Militärs und Politikern gebildet, der eine ‹Anpassung› der Politik des Landes CH, eine ‹Neuorientierung› auf die Ziele des Hitler-Faschis-

mus hin forderte? Des Kreises, der später mit seiner ‹Eingabe der Zweihundert› Berühmtheit erlangte?» (S. 20)
Die ersten Reaktionen auf «Zeit des Fasans» nehmen den historischen Anspruch äusserst positiv auf, obwohl seit 1966 zahlreiche Studien den fraglichen Zeitabschnitt erforscht und seine unrühmlichen Seiten aufgedeckt haben: die inhumane Flüchtlingspolitik der Schweizerbehörden, die Machenschaften der Rüstungsindustrie, die nazifreundlichen Tendenzen unter Kaderleuten der Armee. Dass es solche Studien gibt und gegeben hat, heisst nicht, dass ihre Resultate bereits im Selbstbewusstsein der Schweizerinnen und Schweizer etabliert wären. Otto F. Walter hat während seiner Arbeit am Roman und an zahlreichen Lesungen das Gegenteil erfahren: «Mir ist aufgefallen beim Schreiben, dass ich unheimlich viele wissenschaftliche-historische Arbeiten in Bibliotheken zusammensuchen musste, weil ich nur in groben Umrissen gewusst habe, was zwischen 33 und 45 in der Schweiz passiert ist. Ich habe mir sehr viel an Fakten aneignen müssen. Jetzt treffe ich auf Leserinnen und Leser, die mir gestehen (sowohl 20-, 30- und 40-jährige), dass sie schon gar nicht in der Volksschule, aber auch nicht im Gymnasium oder an der Universität je mal die Geschichte unseres Landes in der Zeit des Zweiten Weltkriegs gelehrt bekommen haben»[92]. Ähnliches zeigt die Diskussion um die Initiative «Für eine Schweiz ohne Armee», die Ende 1989 zur Abstimmung kam. Allenthalben wird die Notwendigkeit militärischer Verteidigung mit dem Hinweis auf die beiden Weltkriege begründet, besonders auf die abschreckende Wirkung, die die Armee auf Hitler und Mussolini ausgeübt habe. Die Vorstellung, dass wirtschaftliche Verflechtungen und innenpolitische Spannungen diese Wirkung praktisch aufhoben, scheint völlig zu fehlen. Von einer kritischen Revision der eigenen Vergangenheit weit entfernt, feiert die offizielle Schweiz selbstzufrieden und mit riesigem finanziellem Aufwand den 50. Jahrestag der Mobilmachung. Offensichtlich soll das Ereignis

als Auftakt zu einer »ruhmreichen Phase der nationalen Bewährung erscheinen.
Der historische Beitrag des «Fasan» ist deshalb keineswegs überflüssig. Zahlreiche Besprechungen vergleichen das Buch mit Meinrad Inglins «Schweizerspiegel» aus dem Jahr 1938, der beiläufig im Handgepäck von Winters Freundin auftaucht. Was Meinrad Inglin für die Zeit des Ersten Weltkriegs, das unternehme Otto F. Walter für die Jahre des Nationalsozialismus, des Zweiten Weltkriegs und der Nachkriegsepoche, wenn auch nicht aus konservativem Geist und mit einem ganz anderen Erzählansatz, vielschichtig, gebrochen, sprachskeptisch. Martin Schaub vertritt im TAM diese Auffassung[93]. Clara Obermüller in der «Weltwoche»[94]. Die Bewunderung für das Opus magnum ist vielerorts unverkennbar, wenn auch da und dort sich Bedenken einmischen: die kunst- und absichtsvolle Anstrengung, alles, die *ganze* Geschichte in 600 Seiten unterzubringen, übersteige bisweilen die Kraft des Autors. Anton Krättli, ein Kenner von Otto F. Walters Gesamtwerk, präzisiert, «Zeit des Fasans» sei zwar kein «Schweizerspiegel», kein geschlossenes, homogenes Erzählwerk, aber doch, bei aller Parteilichkeit, ein «Schweizerroman» von ausserordentlicher Qualität. Durch dieses Buch werde Max Frischs früherer Vorwurf in überraschender Weise gegenstandslos[95].
Otto F. Walter selber hatte nie die Absicht, als Erbe Inglins anzutreten. Er las den «Schweizerspiegel» erst 1986 in der Neuauflage, als sein Buch zu zwei Dritteln vorlag. Der Vergleich kommt ihm nicht sehr gelegen: «Wenn es eine Verwandtschaft gibt, liegt sie im Zugriff, in der Intention, über das Schicksal jener Individuen hinaus eine wichtige Epoche in diesem Land erzählerisch sichtbar zu machen. Gleichzeitig erschreckt mich der Vergleich mit einem Meilenstein unserer Literatur dieses Formats und Gewichtes. Inhaltlich widerspricht mein Roman wohl so ziemlich allem, was Inglin – aus seiner Zeit der 30er Jahre heraus verständlich – vertritt.»[96]

Bedenken gegen eine Nachbarschaft zu Inglin gibt es alsbald auch von anderer Seite. Niklaus Meienberg ergiesst seinen Spott über die neue Inglin-Walter-Begeisterung. «Von Gipfel zu Gipfel grüssen sich die Giganten», dazwischen scheine es nur Geröllhalden zu geben. Bosshart, Diggelmann, Loetscher, Frisch seien wohl keine «Gesellschaftsromane» gelungen. Dabei werde der «Schweizerspiegel» masslos überschätzt. Realität finde darin nicht statt, Fabriken und Proletarier seien ausgespart, dafür hätten tonangebende Bankiers, Industrielle und Militärs sich über ihre beschönigenden Porträts erfreut gezeigt[97].
Obwohl Meienberg sein vernichtendes Urteil nur an Inglin expliziert, wird klar genug, dass er auch für den anderen «Giganten» kein Lob übrig hat. Deutlich wird er diesbezüglich an einem Podiumsgespräch[98]: «Zeit des Fasans» verharmlost seiner Meinung nach den Faschismus auf fahrlässige Weise. Bekannte Fakten, Namen und Ereignisse wurden unkenntlich gemacht oder willkürlich verändert. Musterbeispiel ist für ihn die exaltierte Tante, die Mussolini netter findet als Hitler und ihm persönlich, in Begleitung des Rektors der Universität Jammers, die Ehrendoktorwürde überreicht samt einem Prototyp der Winterschen Offensiv-Eier-Gas-Handgranate. Ebenso anstössig sei es, wenn Streiks, blutige Polizeieinsätze oder eine faschistische Grossveranstaltung nicht in Genf oder Zürich stattfänden, wie es tatsächlich der Fall war, sondern in Jammers. Die Argumente lauten ähnlich wie fünf Jahre zuvor. Wieder hat der Fiktionalist es verpasst, der Wirklichkeit aufs Maul zu schauen, hat «willkürlich ins Blaue hinaus fiktioniert»[99] oder aber, wo es um Dokumentation geht, wie im Fall Guisan, nichts Neues zutage gefördert.
Das Muster von Meienbergs Verurteilung, die Fiktion und Faktisches auseinanderhält, ist auch in anderen kritischen Stimmen spürbar. Alle zeigen sie deutlich, dass ihnen die spezifische Art der Montage, die eingleisiges Lesen, ein sich kontinuierlich bildendes Urteil unmöglich macht, nicht zusagt. Während die einen das Dokumentarische als

Kitt empfinden, der hinzuhalten habe, wo die Kraft der Imagination versage, bedauern die andern, dass der erzählerische Rahmen die Brisanz des Dokumentarischen abschwäche, eine radikale Abrechnung verhindere. Beide Einstellungen sind vorurteilshaft und verpassen es, nachzuvollziehen, welche Sicht der Schweiz «Zeit des Fasans» uns verschafft.

Die Schatten des Vergangenen
Otto F. Walter hat seinem Roman ein Zitat von Faulkner vorangestellt, den er schon in jungen Jahren verehrte: «Die Zeit ist ein *Es ist*, und wenn es kein *Es war* gibt, kann es auch kein *Es wird sein* geben.» Mehrfach gab er Auskunft, wie er dieses Wort auffasse: Leben und handeln können, zukunftsfähig werden setze Einsicht ins Vergangene voraus, ein Es war also auf der Stufe des aufgearbeiteten, von Verdrängtem entlasteten Bewusstseins. Das stimmt mit dem Anspruch überein, den er von Anfang an und besonders deutlich seit der «Verwilderung» stellte. Der Aspekt der Befreiung vom Alten, des Durchbruchs ins Neue ist aber für «Zeit des Fasans» nur die eine Seite. Ein anderes, ebenso wesentliches Element kommt dazu:
«Was einmal war? Nein, frag nicht mich, wo doch, was war, zum Stoff geworden ist, aus dem du kommst, auch du. Wo doch in dem, was da die Zeit hinabgegangen ist, immer und immer hinab, in die Aare und weggeschwemmt in die Reuss und die Thur, hinab- und weggeschwemmt in die Rhone, den Rhein, wo doch darin der Anfang auch von denen ist, die noch am Leben oder seither ins Leben gekommen sind. Schon möglich, das liegt vergessen. Das wurde ins Meer getragen; von dort kommt es in Regennächten über das Zweistromland zurück. Halt's fest. Schreib's auf. Mach deine Wortmaschine daraus, bevor du die Aare hinuntergehst, du auch. Hol's herauf.» (S. 319/ 320)
Das Vergangene wiederaufleben lassen, dem gleichgültigen Strömen der Zeit entreissen, um selber nicht unter-

schiedslos hinabzugleiten, ist ein tragendes Motiv geworden, gleich stark wie der Wunsch, die Wahrheit zu erfahren, das Vergangene zu verstehen, um endlich die Zukunft anzufangen. Besonders deutlich kommt es zum Ausdruck in den als «Passagen» gekennzeichneten Abschnitten, die zum Teil mitten im Satz einsetzen: «und dass er manchmal wünschte, noch einmal in jenen abgelebten Nachmittagen oder Abenden zu sein.» (S. 77) Wenig fehlt, dass die Sprache sich in den rückwärtsgewandten Wünschen verlöre; die zentrale Esther-Figur sorgt aber dafür, dass dies nicht geschieht. Sie ermöglicht es dem Erzähler, sich selber je wieder auf Distanz zu bringen, zurückzunehmen. Beispielhaft geschieht dies an der oben zitierten Stelle. (S. 319–320) Seine Stimme geht unvermittelt über in die der Tante Esther, die auch hier, wie gewohnt, zwischen traumwandlerischer epischer Naivität und Reflexion ihre Brücken und Haken schlägt. «Aber so könne man das nicht sagen, sagte sie oft. Doch nicht so –», um sich dann, diesmal die Augen geschlossen, heiser und dunkel raunend in die Zeit hinabzusenken.
So entsteht die eigentümliche Mischung aus Faszination und Misstrauen in die schöpferische Wortmaschine oder ins wahllos flimmernde «Wortkinospiel», wie es andernorts heisst, die in vielen Kritiken als störend und künstlich-lehrhaft vermerkt wird, die aber gerade die besondere Qualität des Romans ausmacht. Die Rausch- und Trancezustände, Bildbeschwörungen mögen der Motor sein, der Totes wiederbelebt und Erstarrtes in Fluss bringt, aber um mehr zu sein als subjektive Reflexe, bedürfen sie der Korrektur durch ein waches Bewusstsein, das die «Auswahl einer Auswahl» trifft, «selektioniert und zensuriert» (S. 455), bis das aufgewühlte Chaos die Disziplin der Regelsprache wieder wegspült. Neben schwindelerregender Fahrten durch die Geschichte, tritt die ernüchternde Materialsammlung zur «Politik des Generals», durch die irritierenden Eindrücke im zerfallenden Elternhaus ziehen sich die abgeklärten «Gespräche mit André»

oder die freundschaftlich-heiteren Briefe zwischen Thom und Lis; neben die «Passagen» treten die Abschnitte «Im Taubenschlag», in denen der alte Hausknecht Sepp seinen Erinnerungen nachhängt, im Geist mit der Nationalen Front gegen die Sozis marschiert, immer noch unverrückbar auf der Seite Ulrich Winters, seines längst verstorbenen Chefs; neben die «Blätter aus einer Festschrift», Dokumente für den bergeversetzenden Fortschrittsglauben der Winter-Unternehmer, treten die Fragen, wie «Seinerzeit» die Tage für die Köchin Herminia abgelaufen sein mochten, auf der Suche nach rationierten Lebensmitteln, in der Angst vor den unverständlichen Meldungen über Truppenverschiebungen und Generalmobilmachung, oder wie für den Genossen Max Strub, der 1933 an der ersten öffentlichen Kundgebung der Nazis in Jammers die Internationale anstimmte, ein Denkmal zu errichten wäre.

Die Qualität dieser Vergegenwärtigung ermöglicht einen anderen Zugang zum Vergangenen als unreflektiertes Erzählen oder eine wissenschaftliche Studie. Die Montage macht hier abstrakte Zusammenhänge nachvollziehbar, rückt Entlegenes zusammen, lässt Spannungen zwischen Gegensätzlichem fast sinnlich auffällig werden. Unterschiedliche Sprachcodes, hart aneinandergefügt, regen zum Vergleich, zur Übersetzung an: Was hat Ludwig Winters Höhenflug über Taylorisierung und Abschaffung des Fabrikarbeiters mit dem Schrecken zu tun, der Thomas Winter im Kellergewölbe seines Elternhauses heimsucht? Wie lässt sich eine Verbindung herstellen von Esthers Geschichtsdressur anhand der Taten grosser Männer zum Streik der Winterbelegschaft im Jahr 1982?

Mit unnachahmlicher Sorgfalt, anstrengend aber auch mitreissend, führt der Text uns vor, wie die Schatten einer persönlichen Geschichte und das Dunkel einer Epoche sich überlagern können. Aus der für viele Figuren Otto F. Walters typischen Kreisbewegung, der räumlich beschriebenen Rückkehr zum Anfang, ist eine Bewegung gewor-

den, die die Zeit einbezieht, in die Vorgeschichte zurücksteigt; aus dem Wunsch, neu anzufangen, die Last des Vergangenen abzuwerfen, der Anspruch, diese Last in ihrem ganzen Umfang kennenzulernen.
Dass die vielseitige Aufbereitung des Vergangenen den Text bisweilen zur Ungestalt anspannt und die Lesenden überfordert, ist nicht erstaunlich. Auch andere von der Kritik erwähnte Schwächen haben wohl damit zu tun: die Blässe der Hauptfigur Thomas Winter, die spannungslose Gegenwartsebene, die, soweit darin nicht unmittelbar die Aufklärung des Mordes an Thoms Mutter vorankommt, eigenartig flach erscheint, trotz Streik der Winter-Belegschaft, trotz Tumult auf den Strassen von Jammers, trotz politisch brisanter Themen in den «Gesprächen mit André». Offensichtlich entspricht das Vorläufige und Behelfsmässige der Gegenwartsebene dem Umstand, dass sie nur gerade den Rahmen der Fläche abgibt, auf der das *Es war* sich spiegeln kann, so wie der suchende Thomas Winter schliesslich sich selber im Spiegel begegnen wird.

Die Schweiz, exemplarisch
Die Struktur des «Fasan» erlaubt keine Totale, kein Monumentgemälde einer Epoche. Gleichwohl ist dem Autor eine epochale Darstellung gelungen: er verschafft uns eine neue Sicht der vom Zweiten Weltkrieg geprägten Epoche.
Ausgehend vom – immer noch üblichen – Bild der Schweiz als inselhaft abgehobenem Friedensraum inmitten einer Kriegswüste, scheint es unmöglich, den Fall Schweiz exemplarisch für eine vom Krieg gezeichnete Phase in Europa zu behandeln. Noch weniger scheint die Politik des Generals, einer Symbolfigur des Widerstands gegen Hitlerdeutschland, geeignet, eine Komplizenschaft mit faschistischer Ideologie nachzuweisen. Otto F. Walter tut beides, nicht in der Form eines stringenten Nachweises, aber er lenkt unsere Gedanken in eben diese Richtung.

Schon die anfangs erinnerte Szene im Herrenzimmer zeigt, dass tonangebende Kreise des Schweizer Bürgertums die Zeichen der Zeit sehr wohl verstanden und für sich zu nutzen wussten. Gerade die offizielle Neutralität der Schweiz erweist sich als ein besonders wirkungsvoller Deckmantel für falsches Bewusstsein, eine geniale Methode, am kriegsbedingten wirtschaftlichen Aufschwung teilzuhaben, ohne das Risiko physischer Schädigung einzugehen und ohne den wahren Preis deklarieren zu müssen: die stillschweigende Zustimmung zum organisierten politischen Verbrechen. Die Skizzen zur «Politik des Generals» untersuchen, wie sich aus dem Doppelspiel, den Widersprüchen zwischen offizieller Neutralität und faktischer Parteinahme, eine schizophrene Anlage entwickelt, die nicht nur Machthaber und Volk auseinander treibt, sondern auch Regierung und General. Während Guisans Geheimbündnis mit Frankreich zwar illegal, aber moralisch vertretbar ist, wiegen die Neutralitätsverletzungen der Schweizer Rüstungsindustrie und später auch der Bundesbehörden schwer. Besonders nach der Kapitulation Frankreichs entwickelt sie sich zu bewusster Mittäterschaft. Bern fordert inoffiziell die Unternehmensleitungen der Kriegswirtschaft auf, vermehrt und rascher als bisher an die Nazis zu liefern. So läuft die Schweizer Rüstungsindustrie auf Hochtouren für den deutschen Endsieg, indes die Bevölkerung angesichts der wachsenden Angriffsdrohungen vergeblich auf entschlossene Widerstandserklärungen wartet. Auf der andern Seite führt auch der Gegenkurs des Generals zu keiner befriedigenden Lösung. Obwohl sein Widerstandskonzept im Rütli-Rapport endlich klare Formen annimmt und heroische Stimmung verbreitet, ist ein katastrophaler Widerspruch nicht überwunden: Guisan muss verschweigen, dass auch seine Widerstands-Maxime, den Preis für einen Angreifer so hoch wie möglich zu schrauben, abhängig ist von den Rohstofflieferungen aus Deutschland und Italien. Seine Idee einer Alpenfestung ist mehrfach paradox. Sie liefert die Bevölkerung, auf deren Widerstand sie angewiesen ist, schutzlos dem potentiellen Angreifer aus; sie spekuliert auf ein Kräftepotential, das sie sozusagen nur leihweise, nur im Einverständnis mit dem rohstoffliefernden Feind entwickeln kann; sie vertieft die Abhängigkeit der Schweiz und damit das Risiko eines Angriffs.

Darüber hinaus wird auch beim General Neutralität zum Vorwand für politische Parteilichkeit: Sie verpflichtet ihn, nicht nur den Nationalsozialismus, sondern ebensosehr den Sozialismus zu bekämpfen, von dem der Schweiz keine akute Gefahr droht. Dies aus Gründen der Ausgewogenheit, aber auch, wie die Quellen neuerdings belegen, weil ihm persönlich ein extrem reaktionäres Weltbild à la Mussolini näher lag als ein sozialistisches.

Die belastenden Hinweise nehmen zu, je länger Thomas Winter sich mit der Figur Guisans beschäftigt. Das Bild der Epoche wird am Beispiel der Schweiz nicht widerlegt, sondern vervollständigt. Auch für die Schweiz gilt: Wer sich auf Geschäfte mit Krieg und Faschismus einlässt, wird erpressbar für jedes von deren Verbrechen, Neutralität wird dabei zur Farce. Und: Wer Widerstand leistet, ohne diesen Zusammenhang zu durchbrechen, das heisst die ökonomische Praxis umzukehren, landet in denselben Zwängen oder schlimmer, er imitiert den Feind, den er sich vom Leib halten will. Dass Guisans Verteidigungsstrategie im Réduit-Gedanken gipfelt, ist dafür ein Musterbeispiel. Die Idee einer Armee, die nur noch sich selber schützt, hat einiges an menschenverachtendem Wahn mit dem Faschismus gemeinsam.

«Generale machen per se nur falsche Politik» ist Andrés lakonischer Kommentar im Gespräch mit dem verunsicherten Freund. (S. 249) Ein anderer Satz aus seinem Mund könnte lauten: Der Kapitalismus zerstört per se die politische Moral. Solche Pauschalen liegen jedoch nicht auf der Linie des «Fasan», sie wären so leicht wieder vergessen, wie sie sich hinschreiben lassen. Die Vermittlung von Historisch-Gesellschaftlichem liegt darin, dass, wer

hier mitliest und mitfragt, selber zu fragen und zu vermuten anfängt und Vergangenes neu beleuchtet wahrnimmt. Unvermeidbar, dass sich dann das Friedensinselbild der Schweiz so wenig wiederherstellt, wie sich der biographische Ort für Glück rückblickend ausgrenzen und gegen Zerstörung absichern lässt. Unvermeidbar auch, dass wir, so belehrt, anders lesen, was im ‹nur› biographisch-privaten Bereich der Erinnerung auftaucht: dass Tante Esther Mussolini netter findet als Hitler, ist nicht nur die verirrte Extravaganz einer älteren Dame, sondern passt ins Bild einer ganz und gar nicht unschweizerischen, gediegen konservativen Option; dass die Vernichtung schreiende Führerstimme in Thoms Fieberträume eindringt und das Gefühl der Geborgenheit zerstört, ist kein Exotikum, sondern korrespondiert mit der realen Krise im allernächsten Umfeld; dass sich dem kindlichen Verständnis der Judenpass in einen «Judenspass» verwandelt, zu dessen Erklärung sich die Erwachsenen verlegen ausschweigen, ist nicht bloss treuherzige Ahnungslosigkeit, sondern erinnert schauerlich an die verbreitete Tendenz, Völkermord zu verharmlosen oder totzuschweigen.
Am «Sonderfall» Schweiz zeigt sich ausserdem ein weiteres Kennzeichen der Epoche. Die Geschäfte laufen nach Kriegsende unbeirrt weiter, keinerlei Umdenken stört die Tagesordnung. In Ludwig Winters Rede anlässlich der Friedensfeier im Familienkreis – ein Pendant zur Szene im Herrenzimmer 1936 – überschlägt sich die Fortschrittseuphorie lawinenartig zur Vision der Weltherrschaft. Der Krieg gegen Natur und Menschen geht weiter; dass seine Erfinder und Nutzniesser im Wahnsinn enden wie Ludwig oder im Bankrott wie Thoms Vater, gehört ebenso zu seiner Logik wie die Rücksichtslosigkeit gegen alle Regelkreise des Lebens.

Mythen oder die Wiederkehr des Ich
Dennoch: Die historisch interessierten Kritiker haben nicht ganz unrecht, wenn sie Otto F. Walter vorwerfen,

seine Darstellung der Epoche sei nicht konkret und im Detail nicht handfest genug, um mit der traditionellen Schweizergeschichte wirkungsvoll abzurechnen. Zum einen *kann* literarische Fiktion diesen Anspruch so gar nicht erfüllen, zum andern sieht der Autor das Exemplarische des gewählten Zeitabschnitts nicht nur im Bezug auf Faschismus und Kriegsgeschehen, sondern auch unter dem Aspekt eines fortgesetzten Unrechts, der usurpierten Herrschaft des Patriarchats. Eine Art Folie für dieses Gegen-Geschichtsbewusstsein, das der gängigen Ansicht vom stetigen Aufwärtsgang der Menschheitsgeschichte widerspricht, bildet, wie erwähnt, die «Sage vom Ursprung» in der Fassung von Esther Winter. Anhaltspunkte bietet auch die Parallele zum Elektramythus; dazu kommen Abschnitte in Gespräch und Briefwechsel mit André und Lis. Sie setzen Gedankengänge fort, die Otto F. Walter seit der «Verwilderung» beschäftigen.

Diese ausdrücklichen Bezüge auf ein vorhistorisches, untergegangenes Matriarchat bringen ein spekulatives Element in den Roman und leiten eine neue Version des Utopischen ein. Was in Urzeiten an Unrecht geschah, könnte künftig vielleicht wieder gutgemacht werden. Die Zeit scheint gekommen, wo die Mythen entschlüsselt, das Dunkel der Menschheitsgeschichte aufgehellt und begriffen werden könnte. Skepsis und kritische Distanz ist allerdings auch hier das Mittel, die Spekulation überhaupt einzubringen. Zu André, der Onkel Ludwigs Elektra-Skizzen im Flur des Winter-Hauses analysiert, meint Thomas, historisch-wissenschaftlich sei das alles nicht gesichert. «Wir Historiker haben da ohnehin, was das angeblich ursprüngliche Matriarchat angeht, unsere Zweifel.» (S. 160) Aber André, der ideenreiche Anarchist, meint, die Winter-Frauen, die Ludwig möglicherweise in seiner Bildfolge mitgemeint habe, kämen ihm alle sehr stark und eigenwillig vor. «Fast so, sagte er, als überlebe in diesem Clan ein Stück uralten Matriarchats in der patriarchalen Kultur.» (S. 159) Die Aktualität seiner Überlegungen begründet er damit, dass die 4000jährige Herrschaft des ausbeuterischen Wertesystems zur Zeit erneut in einen «Muttermord» münde, in die Zerstörung der Natur. (S. 200) Die Erinnerung an Gesellschaften mit friedlicheren Lebensformen wäre deshalb dringender als je.

Thomas Winter jedoch ist nicht der Held, der ausziehen könnte, den Mord an der Urmutter zu rächen und ihr paradiesisches Reich wiederherzustellen. Seine psychische Verfassung, die Last des Vergangenen, die er aufzuklären hat, verhalten sich zu einem solchen Anspruch wie die schlechte Realität zu schwereloser Theorie. Der Autor des «Stummen» hätte die Hindernisse vielleicht zu sprengen versucht. Der Autor des «Fasan» hat seine Erfahrungen mit versetzten Bergen und planierten Lebensräumen gemacht; auch in radikal umgewälzten Verhältnissen wird das Alte nicht endgültig überwunden sein, weil das Material des Bewusstseins, Sprache und Konditionierung, die Menschen nötigt, sich zu erinnern. Utopie, wenn sie nicht zur Flucht verführen oder die alte Gewalt fortsetzen will, hat es nicht nur mit den äusseren Verhältnissen aufzunehmen, sondern auch mit den unbegriffenen Mächten, die unser Denken und Empfinden besetzt halten. Seit den «Schlafwandlern» gehören dazu nicht nur die Codes der kollektiven Strukturen, sondern ausdrücklich auch das Auffinden der subjektiven Sperren, das Bemühen um Authentizität. Zum Programm der Emanzipation gehört nach der Revolte gegen die Väter, gegen Entfremdung und Klassenherrschaft die Einsicht in den subjektiven Anteil am fortgesetzten Unrecht, gehört nach der – männlichen – Selbstrevision nun auch der Versuch, sich selber nicht nur als Opfer der geschlechtsspezifischen Prägung, sondern ebenso als Täter zu sehen: «Ich selber habe meine Mutter umgebracht», ist das Äusserste, zu dem diese Einsicht führen kann.

Thomas Winter hat auf seinen rastlosen Gängen durch verklemmte Türen der Erinnerung schliesslich den Ort gefunden, an dem ein Neuanfang im Sinn von Andrés

Forderung möglich ist: Das angedeutete Eingeständnis eines Muttermordes fällt zusammen mit dem Moment, da Winter sich selber im Spiegel erblickt. Und das – männliche – Subjekt, das in einem Akt der Revolte gegen die Abhängigkeit von einer weiblich-mütterlichen Übermacht seine Unbefangenheit wiederherstellt, wird auch fähig sein, das andere Geschlecht ohne patriarchale Verzerrung zu sehen.
Die Lösung des Rätsels, das Esthers Tagebuchsatz dem Neffen aufgab, ist in seiner Emotionalität ebenso wuchtig wie das Ende des «Stummen» oder das Ende der Panzerfahrt in der «Beton-Gras»-Geschichte. Aber auch hier wird das schier unerträgliche Gewicht durch ein Nachspiel aufgehoben. Wie seinerzeit nach dem Tod der Mutter fällt Thomas Winter in eine Art von «Stupor». Lis, herbeigeeilt, ruft ihn wach. «Ich habe mich gesehen: mich», sind seine ersten Worte und: «So begann er, stockend, zu erzählen.» (S. 609)
Rückwärts nochmals aufgenommen, von kriminalistischer Spannung und historischer Fragestellung befreit, lässt sich der Roman auch lesen als ein Versuch, sich mit den Schwächen und Fehlern patriarchal geprägter Frauengestalten zu versöhnen, um den Blick für ihre Qualitäten freizubekommen. Unverstellt, als utopisches Leitbild, ist Weiblichkeit allerdings trotz poetischer Anstrengung nicht zu haben. Aber die Orientierung an einer mythisch vergegenwärtigten Vorgeschichte macht es möglich, dass Frauen, die, exemplarisch, Thomas Winters Entwicklung prägten, Esther, die Schwester Charlott und sie, die Mutter, nicht nur in ihrer geschlechtsspezifischen Fixierung erscheinen, sondern auch in ihrem Streben nach Autonomie und ganzer Menschlichkeit. Esther, die geschwätzig-intrigierende Invalide, die auf Manieren von vorgestern hält, beweist auch die schöpferische Macht der Phantasie und des Zweifelns: um der Wahrheit willen. Charlott, die am jüngeren Bruder kameradschaftlich Mutterstelle vertritt und sich trotzig-uneinsichtig in der weiblichen Domäne des

Beschützens und Pflegens einrichtet, ist auch die wilde, unbändig liebreizende Jungfrau, die schwesterliche Herrin der stummen Kreatur, am schönsten zur Geltung gebracht in der Fasangeschichte, die dem Roman den Namen gab. Lilly Winter schliesslich, die Madonnenhafte, Tadellose, lustfeindlich erhaben, ist nicht nur die Frau, die weiss, was sie will, und sich ihre Heroen selber wählt, sie ist auch die Hüterin einer Moral der Menschlichkeit und zeigt einen ökonomischen Weitblick, der über die profitversessene Spekulation der Männer hinausgeht.

«Zeit des Fasans» ist ein grosses, zum Denken und Phantasieren anregendes Buch. Es bringt Licht in eine Epoche der Schweizergeschichte, in der vieles unaufgeklärt liegenblieb. Die poetische Kraft jedoch bezieht der Roman aus der trauernden Hoffnung, dass alles, was war, auch anders hätte sein können. Nur: Der Autor des «Fasan» ist nicht mehr bereit, Hoffnung, notfalls mit sanfter Gewalt, an andere zu delegieren, an junge Leute, die das Alte satt haben, an Streikende, die sich diesmal nicht unterkriegen lassen, an Frauen, die, überlebensgross, ihrer Unterdrückung ein für allemal ein Ende bereiten. Haltungen vorzumachen, denen nachzuleben, frei nach Benjamin, sich lohnte, heisst nicht nur objektive Sperren wegzuräumen, sondern auch, und in erster Linie, sie im Subjekt selber zu beseitigen.

WIDERSTAND

«Ich bin jetzt alt genug, um zu wissen, dass ich viele neue Abschnitte nicht mehr vor mir habe. Dass Schreiben an den Punkt kommt, wo es existentiell wird, wo es den Einsatz der ganzen Person verlangt. Und auch das wohl, auch das: Dass Menschenwerdung oder also Humanität und Menschenwürde in dieser Zeit nicht zu haben sind, ohne dass wir Widerstand leisten. Widerstand im Fühlen, Denken, Tun. Auch in der Sprache, auch in der Sprache der Literatur.»[100)]

Seit 1973 ist Otto F. Walter wieder in der Schweiz, zunächst noch mit einem Herausgebervertrag bei Luchterhand ökonomisch abgesichert. Seit 1982 ist er, «was man einen freien Schriftsteller nennt»[101]. Ausgiebig hat sich «Das Staunen der Schlafwandler» mit diesem neuen Zustand auseinandergesetzt. Wanders politisch-literarischer Gewissenskonflikt spiegelt mutatis mutandis auch den Konflikt des Autors, der sich aus dem öffentlichkeitswirksamen Tätigkeitsfeld des Verlags zurückgezogen hat, um sich der eigenen literarischen Produktion zu widmen. Im selben Roman setzt sich ausserdem die Überzeugung durch, dass Kritik des Bestehenden oder noch bescheidener: eine über das Gegebene hinausgehende Sicht der Realität nicht möglich ist ohne Bereitschaft zur Selbstrevision, zum authentischen Bemühen um die eigene Stimme. Thematisch und strukturell führt der Roman sozusagen den Beweis, «dass Schreiben an den Punkt kommt, wo es existenziell wird». Existenziell im Sinn des Entweder. Oder, der riskanten Entscheidung, die alles auf eine Karte setzt.

Heute, am Anfang der neunziger Jahre, ist Widerstand die Losung für diesen Einsatz, ein Wort, mit dem sich die Vorstellung des Verharrens verbindet, mehr Widersetzlichkeit als Angriff, mehr schweigsames Nein als lautstarker Protest. Blicken wir von da zurück zu den frühen Äusserungen Otto F. Walters, so fällt auf: Die Grundzüge seiner Literaturauffassung haben sich nicht verändert. Auch für den jungen Autor, der sich den Schriftstellern des Protests verwandt fühlte und in seinem Verlagsprogramm die Avantgarde lancierte, war Literatur nie so etwas wie die heroische Vorhut gesellschaftlicher Kämpfe, keinerlei höhere Warte über den Niederungen der subjektiven Bedingtheit, sondern an die «Beschränktheit der menschlichen Perspektive» gebunden[102], nicht um ihr zu verfallen, sondern um ihre zeitlich und lebensgeschichtlich begründeten Tabus zu brechen und die «halbbewussten Triebkräfte» zu befreien. Dass diese Befreiung je nur gelingen könne, wenn sie formal, durch die Bewegungsart der Sprache selber ermöglicht werde, diese Ansicht galt für Otto F. Walter damals, und sie gilt noch heute. Nur eine Sprache, die sich selber «zum Nachdenken» zwingt, wie es 1967 heisst[103], kann einem Text zu «revoltärer» oder revolutionärer Qualität verhelfen, mit andern Worten, die Welt veränderbar erscheinen lassen. Dieser Anspruch auf kritischen Selbstbezug dürfte meiner Ansicht nach heute in unserer Vorstellung von literarischem Realismus nicht fehlen.

Das intensive Bemühen um Ausdrucksmöglichkeiten, mit denen die Grammatik des Realitätsprinzips, des So-und-nicht-Anders zu unterlaufen wäre, erzeugte schon im «Stummen» jene Spannung, die kein gemächliches Erzählen erlaubte, sondern eine auffällige Fluchtbewegung vom Feststehenden in eine aufgewühlte innere Landschaft auslöste. Es entlarvte im «Tourel» die Zweideutigkeit des scheinbar Wahren und erfand sich einen Zugang zum Wahrscheinlichen in völlig unerwarteter Weise: in der zerstörten Sprache eines Debilen.

Von den «Ersten Unruhen» an erhält die Form Experimentcharakter. Für- und gegeneinander montierte Textstücke durchbrechen das Muster der Ereignisabläufe. Der Autor entwickelt eine Methode, die nicht nur die Sprache zum Nachdenken zwingen soll, sondern ihn selber ebenso wie seine Leserinnen und Leser. Reflexionen auf den Prozess des Schreibens und seine mögliche Wirkung werden Bestandteile des Textganzen.

Dieser Gewinn an diskursivem Terrain ermöglicht es ihm, sich explizit auf politische Ereignisse zu beziehen, ohne seinen Formanspruch an eine inhaltliche Tendenz zu verraten. Fragen nach dem Sinn und Zweck des Schreibens, Hinweise auf die sprachliche Machart verdeutlichen, dass auch in den quasi direkt bezogenen Äusserungen nicht die Realität selber zu Wort kommt, sondern ihr fiktives Korrelat. Dennoch waren Missverständnisse von den «Ersten Unruhen» an sozusagen vorprogrammiert. Besonders die Leserschaft, die sich von der politischen Thematik

angesprochen fühlte, konnte und kann sich schlecht mit der Tatsache abfinden, dass ein subversiv kritischer Gehalt mit der Explikation von Ohnmachtsgefühlen einhergehen soll.
Die Auseinandersetzungen, die sich für Otto F. Walter daraus ergaben, schärften sein Bewusstsein, dass Schreiben allein nicht genüge. Während es 1962 hiess, Literatur glaube «an ihre Kraft, Mächte der Zerstörung zu bannen, indem sie sie benennt»[104], weiss er jetzt, dass das Unglück mittels Buchstaben auf Papier nicht aufzuhalten sei. Geschärft wurde aber ebensosehr sein Sinn für die Chancen der subjektiven Verunsicherung. Sie führte zur Ablehnung jeder Art heldischer Gebärden in Sachen Widerstand, zur Abkehr von Zukunftsvisionen, die sich als Männlichkeitswahn erwiesen. Gleichwohl bleibt die Überzeugung, dass wir ohne Utopien nicht vorankommen. Aber diejenigen, die heute nottun, führen in kein unbekanntes Wunschland am Ende der Zeiten. Sie sind das Potential, das uns, quer durch die Sperrzonen der Realität, dahin lenkt, «wo wir alle kreativ leben und handeln und schreiben. An diesen konkreten historischen Ort, wo letztlich politisches Kämpfen darüber entscheidet, ob wir, als einzelne und gemeinsam, zu gemeinschaftsfähigen Menschen werden. So bekäme die Utopie das menschengemässe (...) Gesicht»[105].

IV DATEN ZU LEBEN UND WERK

1928 5. Juni, geboren in Rickenbach bei Olten.
Nach acht Schwestern einziger Sohn des Verlegers und Schriftstellers Otto Walter. Vom 12. Jahr an Internat (Benediktinerklosterschule), anschliessend Gymnasialzeit in Olten, dann Schwyz, aus disziplinarischen Gründen vorzeitig abgebrochen.
1944 Tod des Vaters. Buchhändlerlehre in Zürich, Druckerei-Volontariat in Köln, Sekretär des Verlegers Jacob Hegner in Olten/Köln.
1956 Lektor des Literatur-Programms im Walter Verlag in Olten/Freiburg i.Br.
Erste Erzählungen erscheinen in der Neuen Zürcher Zeitung.
1959 «Der Stumme», Roman. Charles-Veillon-Preis.
1962 «Herr Tourel», Roman.
Unterzeichnung eines Aufrufs «Keine Atomwaffen!»
1964 In Zusammenarbeit mit Helmut Heissenbüttel Herausgabe der avantgardistischen «Walter-Drucke», u.a. Peter Bichsels Erstling «Eigentlich möchte Frau Blum den Milchmann kennenlernen».
Wachsende Konflikte mit dem mehrheitlich katholisch-konservativen Verwaltungsrat des Walter Verlags.
Scheidung der 1952 geschlossenen Ehe; Söhne Daniel, Otto-Kilian und Kuno.
1965 «Elio oder eine fröhliche Gesellschaft», Stück in drei Akten, uraufgeführt im Schauspielhaus Zürich.
Kunstpreis der Stadt Olten.

1966 Auseinandersetzung mit Max Frisch über das «Soll» der Literatur.
Fristlose Entlassung aus der Verlagsleitung, veranlasst durch die Veröffentlichung von Ernst Jandls «laut und luise».
1967 Verlagsleiter/Geschäftsführer bei Luchterhand in Neuwied, Berlin, später Darmstadt (literarisch-soziologisches Programm).
«Die Katze», Stück in drei Teilen, uraufgeführt im Schauspielhaus Zürich.
1972 «Die ersten Unruhen», Roman. Kunstpreis des Kantons Solothurn.
1973 Rückkehr in die Schweiz (Oberbipp, BE). Bis 1982 weiterhin Teilmitarbeiter des Luchterhand Verlags.
1977 «Die Verwilderung», Roman. Buchpreis des Kantons Bern.
Mitarbeit am Entwurf eines neuen Parteiprogramms der Sozialdemokratischen Partei der Schweiz.
1979 «Wie wird Beton zu Gras», Roman.
1980 Literaturpreis des Südwestfunks.
1983 «Das Staunen der Schlafwandler am Ende der Nacht», Roman.
«Eine Insel finden», Gespräch mit der Schwester Silja Walter, Schriftstellerin und Ordensfrau.
1983 Rede an der Friedensdemonstration vom 5.11. in Bern.
1986 Rede an der Anti-AKW-Demonstration vom 21.6. in Gösgen.
1988 «Zeit des Fasans», Roman.
Otto F. Walter lebt heute in Solothurn.

V ANMERKUNGEN

1) Der vollständige Satz lautet: «Nach Auschwitz und Hiroshima ist es mehr denn je die Aufgabe des Schriftstellers, leidenschaftlich teilzunehmen an der Wirklichkeit, und zwar an der ganzen, der globalen Wirklichkeit.» Interview von A.J. Seiler. In: Die Weltwoche, 8.7.1960.
2) Der Stumme. Roman. München: Kösel, 1959, S. 7. Die folgenden Seitenangaben in Klammern beziehen sich auf diese Ausgabe.
3) In: Die Zeit, 9.10.1959.
4) Max Wehrli: Gegenwartsdichtung der deutschen Schweiz. In: Deutsche Literatur in unserer Zeit. Göttingen: Vandenhoek und Ruprecht, 1959, S. 105–124.
5) Werner Weber: Tagebuch eines Lesers. Olten: Walter 1965, S. 234.
6) In: Frankfurter Allgemeine Zeitung, 3.6.1959.
7) U.a. in: Trierer Volksfreund, 23.4.1960.
8) Wolfgang Rothe: Industrielle Arbeitswelt und Literatur. In: Definitionen. Essays zur Literatur. Frankfurt a.M.: Klostermann 1963.
9) In: Der Monat, 12. Jg. H. 136, Jan. 1960, S. 77–81.
10) Alexander J. Seiler a.a.O.
11) In: Neutralität 1966, H. 10, S. 15f. Das Zitat entstammt Otto F. Walters Replik auf Max Frisch, die später im Rahmen der Weltwochen-Debatte abgedruckt wird. Vgl. S. 48 f.
12) Walter Jens: Deutsche Literatur der Gegenwart. München: Deutscher Taschenbuch Verlag, 1964, S. 35.
13) A.J. Seiler, a.a.O.

14) In: Basler Nachrichten, 20.6.1960.
15) Im Nachlass ohne Herkunftsangabe.
16) In: Münchner Abendzeitung, 4./5.11.1961.
17) In: Der Morgen, 18.11.1959.
18) In: Otto F. Walter/Silja Walter: Eine Insel finden. Gespräch. Moderiert von Ph. Dätwyler. Zürich: Arche 1983, S. 32/33.
19) Herr Tourel. Roman. München: Kösel 1962. Die Seitenzahlen in Klammern beziehen sich auf folgende Ausgabe: Reinbek b. Hamburg: Rowohlt 1975.
20) In: Frankfurter Allgemeine Zeitung, 15.9.1962.
21) In: Deutsche Zeitung, 20.9.1962.
22) Badische Neueste Nachrichten, 25.9.1962.
23) Neue Zürcher Zeitung, 1.9.1962.
25) Elio oder eine fröhliche Gesellschaft. Stück in drei Akten mit Vor- und Nachspiel. München: Kösel, 1965.
26) W.M. Lüdke: «Es hat sich etwas verändert...» Ein Gespräch über die literarischen Folgen einer politischen Bewegung. In: Nach dem Protest. Literatur im Umbruch. Frankfurt a.M. 1979, S. 103–124, S. 110.
27) Otto F. Walter: Notiz zu Hugo von Hofmannsthals «Brief des Philipp Lord Chandos an Francis Bacon». In: Wirkendes Wort. Hrsg. Schweizerische Bibliophilen-Gesellschaft 1964, S. 39–56.
28) A.a.O. S. 42.
29) Die Katze. Stück in drei Teilen. In: Theater heute, 1967, H. 10, S. 54–64.
30) W.M. Lüdke, a.a.O. S. 112.
31) In: Die Weltwoche, 9.10.1964.
32) W.M. Lüdke, a.a.O.
33) In: Theater heute, a.a.O. S. 53.
34) In: Die Begegnung. Berlin: Luchterhand, 1968, S. 70–79, S. 71.
35) Otto F. Walter/Silja Walter, a.a.O. S. 39/40.

36) Notiz zu Hugo von Hofmannsthal, a.a.O. S. 42.
37) W.M. Lüdke, a.a.O. S. 107.
38) In: Die Weltwoche, 11.3.1966.
39) In: Die Weltwoche, 1.4.1966.
40) In: Die Weltwoche, 11.3.1966.
41) In: Vorschlag zur Unversöhnlichkeit. Gespräch zwischen N. Meienberg und Otto F. Walter (=woz Dokumentation zur Realismusdebatte. Winter 1983/84) S. 70.
42) Vgl. Peter Schneider: Die Phantasie im Spätkapitalismus und die Kulturrevolution. In: Kursbuch 16, März 1969, S. 1–36.
43) A.a.O. S. 31.
44) Hans Magnus Enzensberger: Gemeinplätze, die Neueste Literatur betreffend. In: Kursbuch 15, Nov. 1968, S. 187–197.
45) Karl Markus Michel: Ein Kranz für die Literatur. A.a.O. S. 169–186.
46) Die ersten Unruhen. Ein Konzept. Reinbek b. Hamburg: Rowohlt 1972. Taschenbuchausgabe 1979. Die Seitenzahlen im Text beziehen sich auf die TB-Ausgabe.
47) W.M. Lüdke, a.a.O. S. 115.
48) In: Neue Zürcher Zeitung, 10.9.1972.
49) In: Neue Zürcher Zeitung, 22.10.1972.
50) W.M. Lüdke, a.a.O. S. 115.
51) Giaco Schiesser: Realistische Bemühungen. In: Kulturmagazin Februar/März 1982, S. 33.
52) Die Verwilderung. Roman. Reinbek b. Hamburg: Rowohlt 1977. Die Seitenzahlen in Klammern beziehen sich auf diese Ausgabe.
53) W.M. Lüdke, a.a.O. S. 118.
54) Ingrid Textor/Daniel Wiener: Pfadfinder im SP-Gestrüpp. In: Leser-Zeitung, 4.7.1978.
55) A.a.O.
56) In: Stuttgarter Nachrichten, 7.11.1977.
57) In: Deutsche Volkszeitung, 1.6.1978.

58) In: Der Spiegel, 5.12.1977.
59) In: Die Weltwoche, 28.9.1977.
60) In: Frankfurter Allgemeine Zeitung, 1.10.1977.
61) In: Solothurner Zeitung, 30.11.1977.
62) In: Frankfurter Allgemeine Zeitung, a.a.O.
63) I. Textor/D. Wiener, a.a.O.
64) Das Symposium fand am 19.1.1978 statt. Nachdruck der Rede in: Otto F. Walter: Gegenwort. Hrsg. G. Schiesser, Zürich: Limmat 1988, S. 61–66.
65) A.a.O. S. 65. Otto F. Walter lehnt sich hier an eine Formulierung aus einer Rede Walter Benjamins aus dem Jahr 1934: Der Autor als Produzent.
66) Walter Benjamin: Der Autor als Produzent. In: Ders.: Versuche über Brecht. Frankfurt a. Main: Suhrkamp 1981, S. 114.
67) Brief an eine junge Frau, an ihren Typ, an ihre Freunde und an mich. In: Inseln der Zukunft? Selbstverwaltung in der Schweiz. Hrsg. T. Holenweger und W. Mäder. Zürich: Limmat 1979, S. 14.
68) A.a.O. S. 12.
69) A.a.O. S. 16.
70) A.a.O. S. 13/14.
71) Arnold Künzli, François Masnata und Elsbeth Schild.
72) Die Verwilderung, a.a.O. S. 19.
73) Wie wird Beton zu Gras. Fast eine Liebesgeschichte. Reinbek b. Hamburg: Rowohlt 1982. Die Seitenzahlen im Text beziehen sich auf diese Ausgabe.
74) Das Staunen der Schlafwandler am Ende der Nacht. Roman. Reinbek b. Hamburg: Rowohlt 1983. Die Seitenzahlen im Text beziehen sich auf diese Ausgabe.
75) Alois Bischof in: woz Dokumentation S. 13.
76) Niklaus Meienberg, a.a.O. S. 18.
77) Isolde Schaad, a.a.O. S. 51.
78) Der Titel, mit dem sowohl das Gespräch zwischen Otto F. Walter und Niklaus Meienberg wie die woz

Dokumentation als Ganzes überschrieben ist, stammt von Otto F. Walter. Er hat damit 1967 auf Emil Staigers umstrittene Literaturpreisrede reagiert. In: Sprache im technischen Zeitalter 1967, H. 22. S. 157f.
79) Rudolf Bussmann in: woz Dokumentation S. 33.
80) A.a.O. S. 63.
81) A.a.O.
82) A.a.O. S. 67.
83) In: Die Zeit, 2.3.1984.
84) A.a.O.
85) In: Gegenwart a.a.O. S. 153–174. Zuvor in: Die Wochen-Zeitung, 23.12.1986 und in: Widerspruch H. 12, 1986, S. 83–96.
86) A.a.O. S. 154.
87) A.a.O. S. 155.
88) Widerspruch H. 12, 1986, S. 83–96.
89) Die Wochen-Zeitung 23.12.1986.
90) Das Zitat entstammt einem später überarbeiteten Manuskript.
91) Übereinstimmend mit der Druckfassung von: Zeit des Fasans. Roman. Reinbek b. Hamburg: Rowohlt 1988, S. 54. Die Seitenzahlen im Text beziehen sich auf diese Ausgabe.
92) In: Börsenblatt 5, 17.1.1989.
93) In: Tages-Anzeiger-Magazin 6.8.1988.
94) In: Die Weltwoche 25.8.1988.
95) In: Schweizer Monatshefte 11, 1988, S. 937–942.
96) In: Börsenblatt a.a.O.
97) In: Die Wochen-Zeitung 30.9.1988.
98) Das Streitgespräch fand am 22. November 1988 in Grenchen statt.
99) Vgl. woz Dokumentation.
100) Mein Leben zu Lebzeiten. In: Gegenwort a.a.O. S. 246/247.
101) A.a.O.

102) Das Positive und die zeitgenössische Literatur. A.a.O. S. 17. Zuvor in: literarium 10, 23, 1962.
103) Literatur als Revolte. In: Gegenwort a.a.O. S. 33. Zuvor in: Tages-Anzeiger 3.6.1967.
104) Das Positive und die zeitgenössische Literatur a.a.O.
105) Das fünfte Gesicht der Utopie. Versuch, ein fünfgesichtiges Wesen einzukreisen durch Annäherungs- und Fragesätze in 16 Punkten. In: Gegenwort a.a.O. S. 179. Zuvor in: Utopien. Die Möglichkeit des Unmöglichen. Hrsg. H.-J. Braun. Zürcher Hochschulforum Bd. 9, S. 207–211.

Eine ausführliche Bibliographie enthält der Band Gegenwort. Aufsätze, Reden, Begegnungen, hrsg. von Giaco Schiesser, Zürich: Limmat 1988.

Eine wichtige Grundlage zur Beschäftigung mit der neueren Literatur der deutschen Schweiz bildet der Überblick von Elsbeth Pulver. In: Kindlers Literaturgeschichte der Gegenwart. Autoren, Werke, Themen, Tendenzen seit 1945. Die Zeitgenössischen Literaturen der Schweiz: Bd. I, hrsg. von M. Gsteiger. Frankfurt a. Main 1980.

Bildnachweis
Schweiz. Literaturarchiv Bern
Kurt Ammann, Zürich
Comet, Zürich
Felix Voss, Biberist
Schweizer Buchwerbung und -Information, Feuerthalen
Alain Stouder, Solothurn
Alois Winiger, Solothurner Zeitung
Monica Beurer, Zürich

Fredi Zumkehr, Basel (Umschlagbild)